最该断舍离的是丈夫？

断捨離したいナンバーワン、それは夫です

［日］山下英子——著

张璐——译

やました　ひでこ

湖南文艺出版社
HUNAN LITERATURE AND ART PUBLISHING HOUSE

博集天卷
CS-BOOKY

DANSYARISHITAI NANNBAAWANN SOREHAOTTODESU by Hideko Yamashita
Copyright © 2019 by Hideko Yamashita
All rights reserved.
Original Japanese edition published by Gokushuppan.
Simplified Chinese edition is published by arrangement with Hideko Yamashita
through Hana Alliance Consulting Co. Ltd.,

著作权合同登记号：图字 18-2019-359

图书在版编目（CIP）数据

最该断舍离的是丈夫？/（日）山下英子著；张璐译 .— 长沙：湖南文艺出版社，2020.4
ISBN 978-7-5404-8452-1

Ⅰ.①最… Ⅱ.①山…②张… Ⅲ.①女性－婚姻－通俗读物 Ⅳ.①C913.13-49

中国版本图书馆 CIP 数据核字（2020）第 034162 号

上架建议：心理励志

ZUI GAI DUAN SHE LI DE SHI ZHANGFU?
最该断舍离的是丈夫？

作 者：	[日]山下英子	
译 者：	张 璐	
出 版 人：	曾赛丰	
责任编辑：	丁丽丹	
监 制：	邢越超	
策划编辑：	李齐章 蔡文婷	
特约编辑：	李美怡	
版权支持：	辛 艳 金 哲	
营销支持：	霍 静 文刀刀	
版式设计：	利 锐	
封面设计：	利 锐	
出 版：	湖南文艺出版社	
	（长沙市雨花区东二环一段 508 号 邮编：410014）	
网 址：	www.hnwy.net	
印 刷：	北京中科印刷有限公司	
经 销：	新华书店	
开 本：	775mm × 1120mm 1/32	
字 数：	99 千字	
印 张：	7	
版 次：	2020 年 4 月第 1 版	
印 次：	2020 年 4 月第 1 次印刷	
书 号：	ISBN 978-7-5404-8452-1	
定 价：	45.00 元	

若有质量问题，请致电质量监督电话：010-59096394
团购电话：010-59320018

序
过自己的人生

断舍离。

大家肯定听说过这个词，甚至不止一次听说过。也许，大家对它的理解大体上就是"断舍离＝扔掉"。

作为断舍离的提倡者，我想说的是，断舍离，并不仅仅是扔掉。（断舍离®，是山下英子个人独创的品牌，其方法论也由山下英子开发。）

是的，我的工作就是为形形色色的人提供支持，让他们通过规划自己的住处、打造自己的居住空间，来找回"真我"、找回"真我的生存方式"。

但遗憾的是，我将断舍离带到世上之后，它脱离了我，走上了自己的道路。

许多妻子开始这样说："我最想断舍离的，实际上是我的丈夫。"

请大家不要误会。

断舍离是重新审视自己与物、事、人的关系，并不是让大家抛弃身边的人。然而，许多妻子仍旧在说，在我内心深处，确实想把丈夫抛开。

不管她们是真心还是假意，基于此，我这个断舍离的创始人写了这本书，想从断舍离的视角，来重新解读婚姻制度与夫妻关系。因为，**夫妻关系的现状，很大程度上是可以通过居住空间反映出来的。**

实际上，充斥着不满、积累着忍耐的夫妻关系，才应该是断舍离的对象。

——山下英子

目　录

第 2 章

不被制度束缚的"婚姻形式"

第 3 章

创造自己归宿的人
和毁灭自己归宿的人

第 4 章
从断舍离的视角，
思考未来夫妻关系的模式

第 5 章

从现在开始，

构建最舒适的夫妻关系

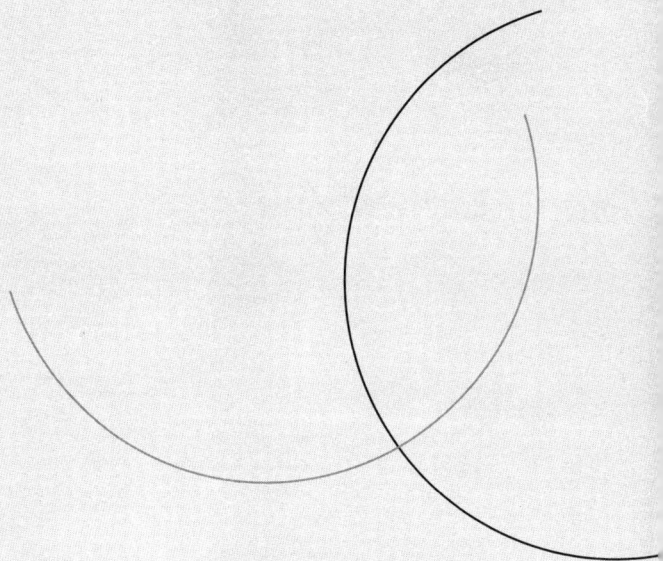

第 1 章

你有没有为"夫妻"
这副重担所累？

比起丈夫的不善于整理和囤积成瘾，更严重的问题，在于妻子的态度。

余生，你将与谁携手，怎样度过？

据说，古代印度将人生分为四个时期。

梵行期

家居期

林栖期

遁世期

出生后的约前20年是"梵行期"。这个时期，人们在父母的庇护下学习，以求掌握将来可以为社会做出贡献的生存方式。接下来的"家居期"，便是履行社会职责的时期，成家、立业、育儿，过着所谓的世俗生活。在"林栖期"，则要脱离世俗生活，追求精神上的信仰，简而言之，就是在认真履行社会职责之后，终于得以专心提高自己的精神境界。最后，在"遁世期"，则不拘一所，云游四方，完全过上遁世生活。

于是，仿照人生四个时期，我也试着从断舍离的视角划分了一下人生。脑海中出现的，是这样三个人生时期——

散乱期

收拾期

积攒期

以及……

散乱期

孩子本身就是散漫的。他们通过分散着的东西来理解世界。他们将堆积如山的物品分离开来，认识它们的真面目，看看这座"山"究竟由哪些物品堆积而成。最佳的例子就是积木游戏。

当然，对母亲来说，她们只能看到孩子们将玩具摆得到处都是。这幅光景怎么看怎么让人觉得火大。于是，母亲便会一迭连声地对孩子说："快收拾好！"

收拾期

孩子一天到晚把家中弄得散乱不堪，母亲便一天到晚叫嚷着"快收拾好！"并且随时随地都在收拾东西，母亲称之为"整理"——将物品塞进抽屉里、橱柜里、壁橱里、院子中的仓库里，填满所有的缝隙。

这种收拾，起初也许确实是类似"收纳"的整理，但这不过是一时的无用功罢了，用不了多久就会演变成"到处乱塞"。因为，已经忙得不可开交的母亲，既没有时间，也没有心情将手头多到不知如何是好的物品逐一、细致地收纳起来。

积攒期

被胡乱收起来的物品，不久后就会被逼进收纳空间的最深处，堆积起来。别说分辨这些物品是否必要了，就连它们的存在都已经忘却了。积攒起来的物品在家中越堆越多，空间里充斥着闭塞感与压迫感。这样浑浊的环境，与清爽的"林栖生活"自然相去甚远。我们只能在不再流通的空气所支配的氛围中，静待老去。

如果我们一直抱着这些沉重的物品不肯撒手，将它们积攒起来，那么，第四时期"遁世期"那样的生活，我们连想都不用想。像古印度的释迦牟尼那样，过着不拘一所、云游四方的遁世生活，对现在的我们来说，简直是天方夜谭。不仅如此，等待我们的景况，只会是老去后，将动弹不得的肉体封锁在自己的躯壳里，一遍又一遍地回忆、讲述过去的事情。

唉，人生的最后阶段若是如此，我该如何为它命名呢？

如果说，由于我们"埋身"于被满满当当的物品所侵占的居住空间内，而称之为"埋藏期"的话，这已经不能用"遗憾"来形容了，只能用远超于"遗憾"的"悲痛"来形容了。

反之，如果能够发现"真我"，不受任何束缚地生活，你又会如何命名余下的人生呢？

余生，你将与谁携手，怎样度过？

经年累月不断蔓延的夫妻战争，
结局究竟如何？

我觉得，夫妻经常会借由自己的所有物（也就是"物品"），发动"代理人战争"[①]或者"整理战"。所以，夫妻关系如何，只要看看家里什么样，自然就能猜个八九不离十。

我们总觉得别人的东西比自己的碍事，就算是夫妻也不例外。我们越对家中的散乱不堪感到火大，心里就越觉得对方的东西碍事。因此，许多妻子便过于笃定地认为，

---

① 代理人战争，指两个国家不直接参加的战争，两个对立的力量利用外部冲突以某种方式打击另一方的利益或是领地。

我家之所以这么乱，罪魁祸首都是丈夫的那些东西。

因为丈夫的东西碍事，所以丈夫才碍事吗？

还是因为丈夫碍事，所以丈夫的东西自然也就碍事起来？

夫妻需要高度共享居住空间，也正因如此，才更容易在物质上和精神上都觉得对方碍事。双重的"碍事感"交错叠加，极大地影响了夫妻关系。

于是，深受其扰的妻子，向我提出了这样的问题——

"我该怎么做，才能让丈夫也学会整理？"

"我该怎么做，才能让丈夫把他的东西给扔掉？"

要我说，**比起丈夫的不善于整理和囤积成瘾，更严重的问题，在于妻子的态度。**

没错，妻子并没意识到自己的措辞有什么不妥。

"……才能让丈夫……"

从"让"这个带有命令色彩的词语，恰恰能看出妻子把丈夫摆在了什么位置。

直白地说，无论怎样的夫妻关系，都不该把配偶当作"仆人"供自己驱使，而应该尊重其独立的人格。

但是妻子经常在不知不觉间就热衷于"让"丈夫做这做那，也恰恰是这样的妻子，一旦被丈夫强制要求做某事，会反抗得比谁都要激烈。

这样的妻子，到头来都不会意识到自己对丈夫的控制欲。由于"整理"这一行为本身就具有一定的合理性，于是妻子便以正义为武器，试图让丈夫始终处于自己的控制之下，并且这种想法完全是在无意间形成的。别说丈夫了，就连妻子自己都毫无察觉。

丈夫会采取怎样的态度面对这样的妻子呢？人毕竟不是牲畜，任谁也不想被配偶呼来喝去的。因此，丈夫当然会反抗。

有时，他们会强烈地反击，以命令的口吻说出"你怎么不整理？""你的东西才应该被扔掉吧！"试图夺回主动权。有时，他们则会沉默地抗争，故意囤积更多的物品，有时，则摆出一副事不关己的架势，打定主意，不理会妻子。

丈夫又何尝不是在"抵死抗争"呢?

丈夫平时忙于工作，无暇顾及家务和育儿，自然也就难以确保自己在家中的地位。所以，丈夫也会担心自己与家人在精神上的距离越来越远。于是，在物质上，他们便会囤积很多物品，以此来显示自己的存在感，即所谓的"宣示主权"。

虽然战争进行得如火如荼，但丈夫也好，妻子也罢，都没有意识到自己心底的真正诉求。只在表面上打着"整理拉锯战"，重复着"扔掉"和"就不扔"的无果争论。

这便是夫妻借由物品发动的"代理人战争"和"整理战"。

不管怎么说，夫妻围绕"整理"展开了"暴力性沟通"，是既成的事实。也不难想象，"暴力性沟通"最终会将夫妻关系带往何方。况且，夫妻间不管进行多少场"整理战役"，家照样一点也整理不好。结果只能是，荒废的空间里，弥漫着压抑的空气，夫妻关系也随之变得越发淡漠。

内战不断，只能造成国土荒废、人民疲惫。同样，夫妻间持续不断的整理拉锯战，只能让家里更加凌乱不堪，夫妻二人精力消耗殆尽。

无论妻子还是丈夫，都希望能在家里感受到一份安宁，让家成为自己养精蓄锐的地方。如此说来，家中整洁有序，确实很有必要。但如果家中的整洁有序，不过是整理拉锯战的暂时性成果，也只能换来一时的休战，不久就又会产生裂痕，就像地球上某处战火不断的地方一样。

任何人都想拥有自己的一方归宿。但归宿之所以能成为归宿，前提便是"我接纳你，你也接纳我"的人际关系。

只有感受到这样的人际关系，我们才会认为那里是我们的归宿。在那里，不必担心自己会受人支配。并且，正因为我们觉得那里是自己的归宿，才会主动开始勤加整理，把它变得更加舒适惬意。

作为妻子，如果你想把夫妻二人共同生活、共度一生的家打造得更为舒适，**你要先扪心自问，看看自己是否想要控制丈夫。**

停止夫妻战争吧，如此一来，谁也不必控制谁了。

那时，双方又会过着怎样的生活呢？这本书，不是去探讨谁控制了谁、谁又被谁控制，不是去探讨依赖，也不是特意叫嚣着要自立，而是去思考如何才能"活出真我"。我认为，这才是"断舍离的终极奥义"。

妻子越来越嫌弃丈夫，
以及丈夫的东西

在一次断舍离的讲座上，发生了这样一件事。

讲座结束后，我问听众："大家有什么问题吗？"把话筒伸向了一位上了年纪的女性（年龄大约70岁的样子）。她这样说道：

"我这个人，无论什么东西，一旦不需要了，就会立刻扔掉，所以总是神清气爽的。但是，我现在最想扔掉的，是我的丈夫！"

　　她若无其事地说出这番颇具冲击性的话，会场瞬间爆发出一阵大笑。恐怕大家也都想知道，她丈夫听了这话，会做何感想。因为，这场讲座的听众中，有一半多是夫妻二人共同前来的。

　　果不其然，她旁边的座位上，一位看样子像是她丈夫的男士笑眯眯地坐在那里。我把话筒递给他，问他："听到妻子这样说，你感觉如何？"

　　"我妻子就是这样的人，想说什么就直截了当地说出来。"丈夫回答说，依旧是波澜不惊的样子。

　　我接着问："你的东西也被随随便便地扔掉过吧？"

　　"当然了！"

　　"那你不生气吗？"我又追问道。

　　"别提了，总因为这事生气吵架呢。"

　　当着彼此的面，而且还是在会场里，当着这么多人的面，谈话竟能如此坦率。夫妻二人共同生活，也有将近 50 年了吧。对二人经过岁月洗礼的坦荡与磊落，我敬佩不已。

看着这对夫妇，我想起了一件过去的事。

我曾给一家人做过断舍离的单独指导。妻子作为委托人，正一脸满足地欣赏着整洁漂亮、焕然一新的厨房时，丈夫下班回来了。他居然说"我还以为进错家门了"，可见他有多么吃惊。

心情大好的夫妻二人邀请我务必留下一起吃晚餐。本来我是想坚定拒绝的，但在丈夫半强迫性质的邀请下，我最终还是没能拒绝，只好留下来和他们共进晚餐。不过，我还是有一种不好的预感。

我的预感果然没错。在厨房外的吧台桌旁，我坐在夫妻二人中间（或者说被夹在中间？），陷入了倾听夫妻二人互相倾诉对彼此不满的境地。

"哎呀，山下女士，你听我说，这个人真的是太不会收拾家了。这回也一样，过不了多久，肯定又变回原样了。"丈夫说。

"我说，山下女士，你知道的吧，这个人就是这样，自己什么都不做，就会一味埋怨我。"妻子说。

总而言之，这对夫妇都拼命想把我拉进自己的阵营，并且都在主张自己的"正确性"，想得到他人的认同。

他们之间，只能通过他人这一媒介，才能说出对彼此的真心话。如果缺少了媒介，在居家生活中，两个人就只好保持沉默，任不满越积越深。

丈夫一直不喜欢妻子囤积物品。

妻子也一直讨厌丈夫说话冷冰冰的。

丈夫一直盼着能回到一个整洁舒爽的家。

妻子也一直希望丈夫能说些暖心的话。

事实虽是如此，可双方各执一词。究竟谁对谁错，恐怕不是我这个坐在他们中间的人能够判断的。

现实就是，双方都感到不快，在对彼此的期待也就是"想让对方怎样做"这一点上，也一直存在着分歧。

但他们对此毫无察觉，让这样的婚姻生活一直持续了20年。

针对这对夫妻的情况，我如果按照不知从哪里借来的教科书上所说的那样给他们提建议，未免太过敷衍了。大家最好也记住，"××法"这一类的指南或技巧，并不会轻易适用于所有情况。

夫妻间，有时就需要来场"激战"，二人借此机会将真心话一吐为快。这样才能使夫妻关系得以正常维系，进而进入新的阶段。把真心话都攒起来不说，只在表面上通过一些幼稚而拙劣的"沟通技巧"絮叨几句，显然是无法释怀的。

那就毅然决然地把真心话说出来吧，好吗？

话虽如此，可这所谓的"真心话断舍离"，确实是我们最不擅长也最需要勇气的一件事情。因为一直以来我们所受的教育，"说真话"成了我们最害怕的事情。

　　当你不再把真心话都攒起来不说，你就迈出了活出真我的第一步。

我们要"得过且过"到何时?

视而不见

置之不理

拖延至上

这些都是我们擅长的事情。

哎呀,不好意思,也许你并没有这样做。但我本人,肯定是上文"我们"中的一员。可能也正因如此,带着"整理的烦恼"来到我这里的人,有相当一部分,也都患有"得过且过综合征"。"难兄难弟"的法则,放到顾问和客户的关系里,似乎也很行得通。

玩笑归玩笑,我们还是要想想,这些症状为什么会出现在我们身上。很显然，一直维持现状，是完全无法解决问题的。

面对散乱不堪的物品、杂乱无章的住所，我们为什么会像文章开头说的那样，始终选择"视而不见"和"置之不理"呢？

幸运的是，我们拥有便捷而强大的"过滤功能"，可以将不想看到的东西自动"屏蔽"。所以，就算不及时解决问题，也就是说，就算不整理房间，我们照样可以一直住在那里。除非我们突然被逼到无路可退的份儿上。

比如说，实在没办法，不得不邀请别人来家里做客的时候。只有在这种情况下，我们的"整理欲"才会被激发出来。况且有时候，我们的感觉已经钝化到了可以无视客人紧锁的眉头，若无其事地把他们请进家门的程度。

因此，回头看看，最初，我们究竟是怎样开始"视而不见"的，也很有意思。因为问题就是从小小的"视而不见"开始的，日积月累，渐渐发展到了我们无法收拾的地步。

之所以"视而不见"，是因为我们根本不想着手解决那个问题。一旦着手，费时费力不说，自己也会变得心烦意乱起来。这都是显而易见的事情，比如，下面这种情况：

壁橱被物品塞得满满当当的（把物品塞进去的可是你自己）。这个装满了用不着的物品的壁橱，你几乎从没打开过。某一天，你偶然打开了它，可打开的一瞬间，想必你又会立刻关上吧。你不得不视而不见，装作完全没这回事的样子。因为如果不这样做，作为发现了这个问题的人，你就有责任去想办法解决。

这就好比目击了犯罪现场。既然目击了，你就要报警，并配合调查。要是第一目击者，甚至还有被当成犯罪嫌疑人的可能。怎么样，脑海中是不是掠过了悬疑剧中的类似场景？

"哎，壁橱里的东西怎么塞得乱七八糟的，这叫什么事啊。这到底是谁弄的啊（实际就是你自己）。得想办法收拾收拾啊。可这哪里是那么简单的事啊。不说别的，眼下，我还有别的事情要处理，多忙啊，哪有时间去断舍离这些没用的东西。再说了，把满橱的东西都拿出来，又能怎么样呢？不是把房间搞得更乱吗？想方设法好不容易才把东西都塞进去，何必多事，给自己找个大麻烦？这么棘手的事，还是先算了吧。下次等时间充裕的时候再弄不就行了。"

从打开橱门到关上橱门，短短三秒钟里，这些想法在你的脑海中呼啸而过。这也正是你从发现问题到想出"视而不见"对策（不是解决方法）的全过程。

而且，这种情况其实无处不在，不仅壁橱是这样，地板下面和天花板上方的收纳空间、储藏室、仓库，已经离家的孩子的房间，无一不是如此。

这样的住处，以及它们的主人，我见得太多了。冰冻三尺，非一日之寒。正是日复一日的"得过且过"，才最终导致了这般结局。

另外，在这种家庭中，夫妻双方往往一边对彼此"视而不见"，一边还能相安无事地扮演着"夫妻"的角色。而且，我可以肯定地说，无论丈夫还是妻子，对他们自身的感受，也是"视而不见"的。

看样子，"得过且过综合征"似乎不仅仅感染了我们的壁橱，还蔓延到了夫妻关系上。

别再视而不见了。

"1 out 1 in 法"

有两条"限制总量"的法则,可以用作进行断舍离之后,收纳物品时的行动指南。

一条是"7·5·1法"。

它说的是收纳空间内,物品总量的标准。具体来说就是,物品总量占整个空间的比例应该控制在:看不见的收纳空间——七成,看得见的收纳空间——五成,展示性收纳空间——一成。

另外一条是"1 out（出）1 in（进）法"。

这条法则是"7·5·1法"的必要延续,它指的是,经过精挑细选后，面前都是令你很满意的东西。这时，如果你又拥有了一件"新欢"，那么在将它收纳起来之前，你需要先舍弃一件多余的东西。

只要重复这个循环，你就能深切体会到，不光对物品的"满意率"会逐渐攀升，你自身的审美意识和辨别能力也将得到提高。

在这里，我想请大家注意的是：先放手，再拥有。

大多数的整理法则都会说，添置一件物品，就要舍弃一件物品。而在断舍离看来，则是**"out 先行"**。

这样做的理由是，如果先添置了一件物品，物品就会由一件变为两件（即使只是暂时的），这样一来，总量就超了。

相反，先取出一件物品，之后再放进一件新的，就能确保总量适度。说得夸张一些就是，要敢于把自己置于"背水一战"的境地。这样一来，在添置新的物品时，心境也会人不相同。进而，挑选物品的能力就会提高。由于你事先给自己制造了"忍痛割爱"的困难，自然就会有"买东西绝不将就"的决心，这个决心还不会因为一点半点的阻挠就动摇。而且，"先出再进"的思维，与新陈代谢和呼吸的原理也是相通的。

意识到"先出再进"，就能制造循环。这个道理不仅适用于"物"，也适用于"人"和"事"。

举例来说，感到"这段关系已经结束了"，在与恋人分手之前，就已经开始和新欢交往。应该有不少人都觉得，这样做是不合适的。

我们总会被富有魅力的新鲜事物所吸引。断舍离的思维方式是：先给之前已经结束了的事情画句号。先画句号，之后，我们才能收获真正精致而考究的事物。

专职主妇当中，有许多人出于经济上的压力，在舍弃物品和改变生活方式时，会犹豫不决。也有人曾经问我："进行断舍离，钱就会变多吗？"

我的回答是："不知道。"

我只能说一点——钱，就是能量的循环。

但这并不是说有出就会有进，重要的是"怎么出"。

断舍离认为，部分即整体。部分是整体的"相似形"。自己与物品之间的关系，和自己与钱之间的关系，是相似的。

也就是说，因为物品吃苦头的人，往往也会因为钱吃苦头。毕竟，现如今的社会，物品基本上都是花钱才能买来的。

换句话说，**物品就是由"钱"这种能量转化而来的。**

花钱买来不必要的物品，意味着浪费了名为"钱"的能量。

你身边的物品，足以证明，你是如何使用能量的。

如果你正在为了物品过多、不知如何整理而发愁，那么毫无疑问，你用钱的方式也有问题。再或者，你使用能量的方式，也许也有问题。

有了钱，要花在自己身上。但花钱之前，对购买的物品，要精挑细选，快快乐乐地把钱花出去。

这样，能量的循环才能够以螺旋式上升的方式进行。

我们花钱时会想，"多浪费啊""还还价吧"，这看起来是再自然不过的事情。然而，这会让能量的循环发生偏移，循环发生偏移后，回到自己身上的，就是变了质的能量。

快快乐乐地花钱，就是说要"怀着感激的心情花钱"。

即使只买了个小物件，也要觉得"谢谢你卖给我"。这短短一句话，就能带来"正能量"的循环。能赚到钱的人，都有一个共同点，那就是，他们能让"正能量"循环起来。

断舍离有一种态度——相信而不期待。不相信我说的话也没关系，如果你的不安还是没能消除，不如相信你自己的能量怎么样？当然，别忘了，要"先放手，再拥有"。

"房间一片狼藉，丈夫离家出走"与
"房间干净整洁，每天都吃咖喱"

我并不是夫妻关系的专业咨询师，但我着实接到过不少有关夫妻关系问题的烦恼咨询。

因为整理不好家而忧心忡忡的妻子，一定也有解决不好的夫妻关系问题，这样的例子不胜枚举。也就是说，当我聆听妻子们"家总也整理不好"的倾诉时，不知不觉间，这份倾诉就变成了对丈夫的不满、抱怨，抑或是强烈的批判，甚至愤怒。

不对，与其说倾诉是由前者"变成"了后者，倒不如说，家中的"荒废"程度，原本就与夫妻关系的"荒废"程度息息相关。来咨询的人们应该也察觉到了，夫妻关系的难题就横亘在自己心头，自己却不想直面它。可能也是基于这个原因，才从"家中的整理问题"这个比较容易拿出来与别人商量的话题开始聊起。

我们暂且不管对整理、打扫、洗衣、做饭等所有的家务事，夫妻俩是如何分工的，先来探讨一下以下两件事哪个更重要——

擅长烹饪
擅长整理

当然，妻子如果两项全能，那么拥有这样让人引以为豪的妻子，做丈夫的简直三生有幸。在男性看来，拥有一位擅长家务的妻子，不仅能够提高自己的社会地位，还能大幅提高别人对自己的评价。相反，如果妻子一样都不擅长，自己也会觉得脸上无光。对，不是觉得妻子丢人，而是觉得自己丢人。

可惜，两项全能的妻子实属罕见，所以对丈夫来说，妻子能擅长一样，已经是可喜可贺的事情了。

又或者说，整理和烹饪，妻子若有一样不算拿手，丈夫便觉得遗憾不已。

这个话题，我之所以洋洋洒洒写了这么多，是因为我一直忘不了之前来咨询过的一位女性。身为高中教师的这位女性，当初一直因为自己囤积成瘾和舍不得扔的性格唉声叹气，可实际上，对扔下她离家出走的丈夫，她一直怀着满腔的怒火。况且，丈夫离家前留下的最后一句话还是："像这种到处都堆着东西、一片狼藉的家，我再也待不下去了。"

这位女教师一直不接受丈夫离家出走的理由是"家中一片狼藉"。她原本就介意自己的"囤积成瘾"，一旦接受了这个理由，岂不更要因为"囤积成瘾"备受煎熬。

时至今日，这位女士做饭的手艺如何，我已经无从考证。可就算她做得一手好饭，恐怕也留不住丈夫了。因为家里已然变成了"囤积仓"，在那里，丈夫找不到自己的栖身之地，也失去了自己的容身之所。

还有这样一个例子。有一位母亲，她女儿很不擅长整理。虽说女儿已经结婚成家，自立门户了，可看着那过于杂乱的家，母亲不禁生出了这样的担忧："一定会有一天，女儿的丈夫要提出离婚的。"于是，便带着女儿到我这里来了。

据说，她女儿一个人带着孩子，因为不太适应，所以拼尽全力。没有一间房间能整理好不说，厨房也乱七八糟的。自己也总是吃很多提前买好的袋装咖喱饭。丈夫则要么以工作为由，深夜才回家，要么就是出差，干脆不回家。当然，妻子会怨恨丈夫不看重家庭。

我倾听了妻子"整理的烦恼"，同时，也倾听了妻子对一心扑在工作上、总也不回家、完全不管家的丈夫的不满、抱怨与愤怒。同为主妇，我能理解妻子孤零零的一个人，既要做家务又要带孩子的心情。

然而，判定夫妻双方孰是孰非，是无济于事的。追究责任究竟在丈夫，还是在妻子，也并非解决问题的途径。因为我们都不善于大方承认自己的错误，判定是非和追究责任反而会加剧争议，让双方关系变得更加纠缠不清。

我的工作中，经常会碰上这样的情况：家里总是整理不好，堆满物品，一片狼藉，所以丈夫要么一心忙工作不想回家，要么就离家出走引起骚动。但是，**我还从来没听说过，丈夫因为妻子每天只会做咖喱饭而离家出走的。**

作为妻子，如果你想要重塑夫妻关系，就要仔仔细细地环顾一下眼前的家是怎样的状态，然后问问自己：

面对这样杂乱无章的空间，丈夫会有早点回家的想法吗？

面对这样堆满物品的空间，丈夫会想待在里面吗？

即便如此还是整理不好的话，就问问丈夫："你是想在干净整洁的房间里吃袋装咖喱饭，还是想在一片狼藉的房间里吃美味佳肴？"这应该可以成为改善夫妻关系的开端。

"自立·自由·自在法"

"看得见的世界"和"看不见的世界"之间，有着不可思议的联系。

在东洋的医学中，有一种被称为"望诊"的诊断方法。这种诊断方法，相当于我们平时去内科时，医生通过眼睛看得见的脸色、手掌的颜色、舌头的颜色和眼睑内侧的颜色，来判断眼睛看不见的症状和病人的体质。

另外，在中国，有"相"的概念，比如，手相、面相等等。这样的机制，都是从看得见的部分入手，去梳理看不见的部分。

仅仅通过整理看得见的房间，就能将自己体内看不见的淤塞全都疏通。 "断舍离"，就是要将这种机制运用到日常生活中去。

清除家中的淤塞。这项训练，对我们体内的另一个自己来说，能够起到相当大的作用。

断舍离的收纳法，讲究"自立"意识，任何时候都要"站起来"。

让物品自立。就算是毛巾，也要"站起来"。我家厨房的毛巾，都放在一个方形托盘里，而且我决定，最多只能放 10 条。这样一来，既符合"限制总量"的原则，由于是竖着放进去的，也不会乱套。

如果用抽屉收纳，一方面，底部放了些什么我们无法都一清二楚，另一方面，从最里侧往外取东西时，又很花费时间。想取出什么，一下子就能拿出来，这多轻松啊。

我所说的"自由"，是指"选择自由"，是指物品有没有以便于选择的方式摆放。便利店的货架上，同样大小的瓶装饮料井然有序地排列着，这种陈列方式，能够让我们一眼就看出，究竟有多少种不同种类的瓶装饮料。

餐具柜里的物品如果能按同样的原则来摆放，也会大有效果。圆形的杯子、方形的杯子、陶制的杯子，按种类呈竖排摆放。

可事情往往是，我们把它们都混在一起，导致最里面的东西很难取出来，结果，我们只能取用摆在最外面的物品。

那么，"站不起来"的东西要怎么办呢？

那就把它们团起来，给它们"自在"。所谓"自在"，就是随"意"而行。

在我家，内裤都要圆滚滚地团起来，放到篮子里。T恤也要圆滚滚地团起来后，再收纳。因为变成了筒状，所以收纳时，它们都是"站着"的。重要的是，要想类似的办法，尽量别让它们松散开。

在这里我想说的是，断舍离里面也用到了"相"的概念。"自立·自由·自在"，就都是从形态入手的。

我们让毛巾"站起来"、把内裤团起来时，是否觉得"自立·自由·自在"已经开始和我们融为一体了呢？

毛巾也好，内裤也罢，通过折叠，改变它们原有的形状，使它们不会乱套或松散开，是一件多么让人心情愉悦的事情啊。

这是一种随意而行的感觉。**这份愉悦最终会传达到我们的潜意识里，加速实现我们自身的"自立·自由·自在"。**

每当我们让毛巾"站起来"、把内裤团起来时，我们就离变成独立潇洒的女性又近了一步。想想就有点小开心呢。

◎夫妻关系的现状，是可以通过"居住空间"反映出来的。

◎我家之所以杂乱，除了丈夫的不善于整理和囤积成瘾，更重要的原因，在于妻子的态度。

◎你要先扪心自问，看看自己是否想要控制丈夫。

◎当你不再把真心话都攒起来不说，你就迈出了活出真我的第一步。

◎壁橱的杂乱也好，夫妻间的问题也好，都别再视而不见了。

◎"1 out 1 in 法"也适用于人际关系。

◎断舍离"相信而不期待"的态度，能消除

不安。

　　◎整理房间，可以加速实现自身的"自立·自由·自在"。

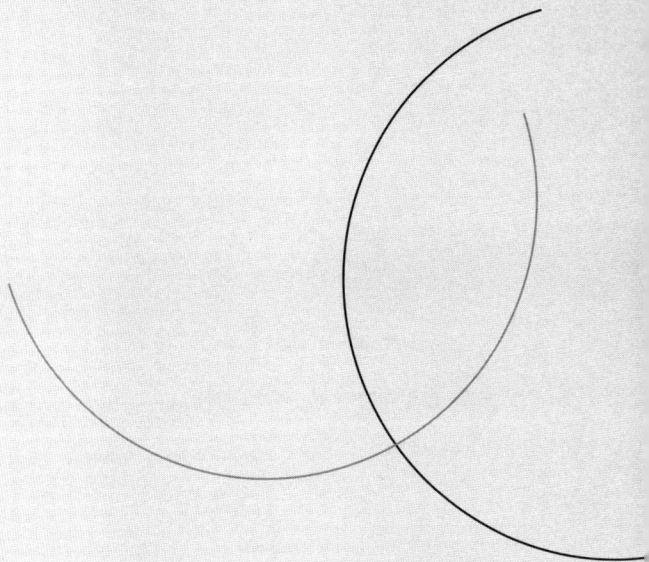

第 2 章

不被制度束缚的
"婚姻形式"

小小的不满经过长时间的累积后，夫妻间的芥蒂，一定能通过居住空间的现状反映出来。

一成不变的夫妻关系问题和
男女间的神话故事

　　我曾沉迷于《古事记》。最开始是看连环画版的，然后是看简单易懂的汇编版文库本，最后终于开始读带有详细解说的厚厚的大部头。

　　读《古事记》最辛苦的，要数记住接连出场的诸神的名号了，不仅数量众多，而且都是些难读汉字的集合。尽管如此，我还坚持要读《古事记》，一方面是因为我觉得，我在这个国家出生、长大，能接触一下这个国家的神话，也别有一番趣味。更重要的是，到这把年纪了，我竟完全没有学习本民族神话的机会，想来也确实遗憾。

　　还有就是，每当我读到《古事记》中登场的诸神结为夫妇后的故事，都会觉得很滑稽——从神治时代[1]到今天，夫妻关系、男女关系的故事竟一成不变，都要在百般不顺中维持下去。这也正应了来找我咨询夫妻问题的人比以前还要多的景况。

天神赋予了伊邪那岐命和伊邪那美命开国的使命。一人身体有一处多余，一人身体有一处未合，二人和谐相交，创造了诸多国土与诸多神明。就是这样的两尊神明，最后也还是经历了一场壮烈的争吵，分道扬镳了。

大国主神身负建国的使命，迎娶了求婚者众多的八上比卖为妻，却又与须势理毗卖情投意合，结为连理，并把她作为正妻带了回来。这位多情之神还为美丽的沼河比卖作歌，向她求婚。总之，他一边开疆辟土，一边与各地女性相交，努力繁衍了诸多子嗣。作为正室的须势理毗卖当

---

[1] 神治时代：《古事记》《日本书纪》中指从开天辟地到神武天皇的时代。

然是又悲伤，又嫉妒。于是，大国主神便为她作歌，安慰她，倒也殷勤得很。

迩迩艺受天照大神之命下凡，对闭月羞花的木花之佐久夜比卖一见倾心。但在木花之佐久夜比卖怀孕后，他表示怀疑道："仅仅一夜就受孕了，这肯定不是我的儿子。"木花之佐久夜比卖为证清白，上演了一出惊心动魄的"产子大戏"。

即便是古代诸神，夫妻关系也是困难重重，难以应付……

不久前，在出版社的策划下，我得到了一次机会，与现在正与丈夫处于分居中的妻子们举行座谈。

有一位妻子，因为丈夫突然出轨，离家出走，分居生活已经持续了 10 年有余，现在正在协议离婚；还有一位妻子，因为丈夫的精神暴力和出轨，从 3 年前开始与丈夫分居；另外一位妻子，因为丈夫酗酒，以及二人性格不合，从 1 年半以前开始与丈夫分居。

三人虽是因为三种不同的原因与丈夫分居，可还是有一个共同之处，那就是——"我已经不需要丈夫了！"

也就是说，她们并没有抱着微弱的期待，期盼修复与丈夫的关系。而是想干脆与丈夫一刀两断。但也不难想象，能最终下定这样的决心，她们经历了一番怎样的挣扎。

不过，她们对离婚的看法确实发生了很大的变化。以前，多数咨询者最多也就抱着"想把丈夫断舍离掉"这种半玩笑半认真的态度，罗列一些她们对丈夫的怨气和不满罢了。现在可不一样了，确确实实看开了的妻子的比例正在逐渐上升。

对我说"想离婚"的妻子，可以分为两类：一类是"我虽下定决心要离婚，但不知道该怎样做"，另一类是"我又想离婚，可实际上又不希望婚能离成"。然而有时，当事者本人并不清楚自己属于哪种情况。特别是后一类中，大部分人都是如此。结果就只是从头到尾都在大肆抱怨丈夫。总之，**"想离婚"的愿望与"离婚"的决心，是有天壤之别的。**

　　横亘在夫妻之间的问题，从神话时代，也就是神治时代开始，一直绵延至今。所以，我们心里最好明白，无论什么样的婚姻、什么样的夫妻，都有一些问题，是我们想避免也避免不了的。

　　是像伊邪那岐命和伊邪那美命那样，狂怒之后分道扬镳呢？还是像大国主神和须势理毗卖那样，丈夫和正妻各自守好自己的位置，构建和谐的夫妻关系呢？抑或是像迩迩艺和木花之佐久夜比卖那样，执意澄清怀疑后，把婚姻生活维持下去呢？

　　每对夫妻的生活状态，都是一部男女间的神话。我们就姑且不论故事能否流传下去了吧……

婚姻的"制度疲劳"

现如今的日本，这个我居住和生活的地方，并没有根深蒂固的一夫多妻或一妻多夫制的传统，这种制度也并没有作为习俗被保留到今天。虽然直到江户时代为止，日本仍存在着这样的习俗。可即便如此，如今毕竟已经是现代社会了，再把"某某时代"拿出来说事，也无济于事。

如果你的性格能让你心甘情愿地觉得，自己就是"被社会培养出来的"，那也没什么问题。可实际情况往往是，你是在不知不觉间被"社会"所渗透、被社会上的种种观念和价值观所束缚的。

不对，更准确地说应该是，你在无意间接受的观念和价值观制约了你，让你不知不觉就开始自己束缚自己。换句话说，连束缚自己这件事，我们甚至都浑然不觉。因此，暂时脱离目前的生活环境，暂时脱离现实，很大程度上可以帮助我们认识到被束缚了的自己。

关注一下其他文化圈，以及回顾历史，是相当重要的。因为在当前的文化圈内和当前时代中形成的社会性格，很大地影响了我们的观念和价值观。

这样说来，海外旅行不失为一种方法，暂时性地把日本社会"断舍离"掉。只有暂时斩断、舍弃和脱离，才能发现和察觉更多事物。

而且，如果你的旅行目的地是发展中国家，意义就更加深远了。发展中国家和地区人们的生活状态，可以将我们通过发展所获得和失去的东西，都完美地展现在你眼前。既能让你感受到生在日本的幸运，也能让你感受到长在日本的狭隘。

夫妻的形态有很多种。实际上，我经常思考"结婚"

这种制度，也就是"婚姻制度"本身该有的状态。其中也包括"制度疲劳"问题，当然这个问题并不仅仅存在于婚姻制度里。

话虽如此，婚姻制度对我们更好地活出"真我"人生，究竟有多大的影响力呢？换句话说，如果我们可以察觉到，在婚姻制度所带来的观念和价值观这把伞下，自己有多滑稽，也不失为一种乐趣。

我认为，不管我们现在有没有结婚，今后想不想结婚，不变的事实是，我们一直身处婚姻制度这把大伞（观念、价值观、婚姻观）下。在这把伞下，也许确实可以不受风吹雨淋。可说不定不打这把伞，天气本就万里无云、碧空如洗呢？

我在年轻时，觉得十分不可思议的是，我妈妈明明对自己的婚姻满腹牢骚，一直在狂说她自己丈夫的坏话。可当女儿（也就是我）快到所谓的适婚年龄时，便开始暗暗催我结婚。还有，在婆家，我婆婆一边把她婚姻生活中的种种不易当勋章似的反复提及，一边又兴致勃勃地张罗着为邻居和亲戚们保媒拉纤。

她们这一代人的常识一定是，只要结婚就行了，至于婚后会不会承受辛苦，则不在考虑范围之内。既然如此，就说说自己结婚后的高兴事啊，哪怕就说一丁点呢。

不仅我上一代的人们是这样，我这代人中也有一位朋友，怎么看也不是会被"结婚"这种形态所收服的性格，她本人也这样认为，可最终还是无奈加入了结婚的队伍。这让我惊诧不已。

还有一位朋友，既优秀又有才干，可因为单身，就降低了对自己的评价，这也让我感到很诧异。

可以说，直到如今，"年龄到了就要结婚"的潮流仍然风行。网络上"你无法结婚的理由是什么""哪种女人结不了婚"的信息，还在像煞有介事地到处乱飞。

不妨让我们再一次提出这个问题——身处"婚姻制度"这把伞下，有什么价值和好处，又会受到哪些限制呢？

我们有必要再次确认一下自己现有的有关结婚的常识——婚姻制度所带来的价值及婚姻制度的价值观，带给了我们哪些常识。

不受制度束缚的婚姻形态

不被常识限制的婚姻形态

不是能不能结婚，而是要不要结婚

结婚并不存在于制度里，而是存在于我们心里

怎么样？这样来重新认识结婚这件事，也很有趣吧。

而我的想法是——

常识并不能带给我幸福

常识也无法许诺给我幸福

没错。大家的常识极少能和每个人各自的幸福都对应得上。

你活着，有没有珍视属于自己的幸福？

有一种观念让我深感遗憾，
应该干脆地断舍离掉

爱上一个人，是非常自然的事情。期待和自己所爱之人共度余生，也是非常自然的事情。

所以，才有了"结婚"这种形式（但这里说的结婚，并不是走法律程序那种结婚）。而且，我希望能够让尽量多的人认可这种形式，并受到他们的祝福。因此，才通过婚礼这个仪式来公布这件事。

而且，这个仪式，我们绝对不会把它叫作"出柜（coming out）"。

一位名气很大的有识之士，公开了自己和同性恋爱并同居的事实，不知为何，媒体在报道时，称这件事为"出柜"。

"出柜，指公布自己一直未对外公开的性取向。"（维基百科）

谈恋爱这种事，本该期待收获满满的祝福，可为什么不愿对外公开呢？理由不外乎是害怕遭到周围人的误解。

我再说一遍，爱上一个人，想和那个人一起生活，都是再自然不过的事情。"爱"和"同居"是自然而然发生的，无论爱上的那个人是不是同性、和自己的年龄相差大不大、在法律意义上是否已婚。我们最好清楚这一点。

所以，那位有识之士的行为，上来就被形容为"出柜"，让我觉得非常诧异。我认为这件事应该理解成，他仅仅是想让大家知道，有一个人，对他来说很重要。

虽说如此，我们也不难想象，将这种尚属罕见的婚姻形式公之于众，一定会引起不小的轰动。在这位颇有名气的有识之士身上，更是如此。

既然如此，这位有识之士仍旧顶着备受瞩目的压力，下定决心公开自己结婚的事情，是因为想被更多人祝福的愿望占了上风吗？可从另一个角度出发，他难道不想保护那个对自己很重要的人不受到事件发酵的侵扰吗？我必须要实话实说，我个人对这个问题更感兴趣。

可不管怎么说，这都是当事人自己的自由、喜好，轮不到别人说三道四的。实际上，我在文章中写这些，也完全是多管闲事。正因如此，我才对这位有识之士的婚姻形态总是无法摆脱"出柜"这种字眼的这件事，更觉得遗憾。

既然爱上一个人是再自然不过的事情，那么同样，讨厌一个人也是再自然不过的事情。想逃离讨厌的人也就再自然不过了。否则，世界上就不会存在离婚这种事了。

那么将来，如果（这里仅仅是说"如果"，是我擅自假设的）这位有识之士的婚姻产生了裂痕，他又会选择怎样做呢？

是私下处理，还是公之于众？

媒体又会以怎样的字眼来报道呢？

我想说，结婚也好，离婚也罢，私下处理也好，公之于众也罢，最该干脆地断舍离掉的，是"出柜"这种意识。

活出真我，不需要什么"出柜"。

婚姻的三种模式

结婚，意味着存在婚姻制度，这一制度受法律保护，让我们得以经营健康的婚姻生活（至少我们是这样认为的）。

可事实果真如此吗？

为了能够经营健康的婚姻生活，我们设立了法律保障，还让婚姻成为一种制度。可果真这样就可以了吗？

我的工作虽然不是专门处理婚姻事务，可我接到过的烦恼咨询中，婚姻问题始终雷打不动地排在第一位。同时，我自己也经历了将近40年的婚姻生活。作为当事人，并且作为一个以"脱离制度"为目标的人，我经常会产生上述疑问。

因为，我们一直憧憬着婚姻，坚定地认为结婚是本就该做的事情。可当我们纵身跃入婚姻制度，要么是被卷入身体和精神双重家暴的旋涡，要么是出于嫉妒去相互束缚，要么是彼此想要控制对方的愿望发生激烈的碰撞。等待我们的，都是一些与健康的婚姻生活相去甚远的东西。

可是，一旦走入制度之中，想再脱离出来，并不是一件容易的事情。况且，游离于制度之外的人，也就是单身的人，被当作"不完整的人"来看待或对待的事情，恐怕也不在少数。

因此，我们自然而然会期待，可以在超越制度的范畴里，出于本能地、出于肉欲地去结合。

将婚姻极为精简地整理一下，可以归结如下：

本能型婚姻

情感型婚姻

思考型婚姻

也可以这样来分类：

动物型婚姻

社会型婚姻

精神型婚姻

如果我们认为，婚姻生活是件非常麻烦的事情，那么无疑是因为，我们过于努力地想让这三种婚姻模式同时成立。

如果你觉得，你的婚姻生活并不圆满，那么无疑是因为，你坚定地认为，婚姻生活应该同时具备这三种模式。

可这不是天方夜谭吗？

即使一开始的时候，婚姻生活可以同时具备这三种模式，也就是说**肉体上契合，周围的社会评价也觉得你们很般配，夫妻双方的价值观也完全一致。可是，这样的状态不可能一直持续到将来。**能够几十年如一日地保持这种状态，实在罕见。不，说是"奇迹"可能更加合适。

"结婚"这种形态，是建立在成为"夫妻"的基础上的。而所谓"夫妻"，无非就是在本就有限的生活空间内，双方基于各自的价值观，争吵不休。

在"争吵"的基础上，会创造出什么样的婚姻，则既取决于自己，又取决于对方。

比如说，努力创造同时具备上文所说的三种模式的婚姻，也是一种选择。可在这里，不可或缺的是，夫妻双方要意见一致。

比如，丈夫本来没想着要出人头地，妻子却一直奢求"拥有高社会地位的太太"的宝座，这便揭开了悲剧的序幕。

另外，也有这样的例子，曾经的糟糠之妻，不接受丈夫出人头地之后对自己的冷淡，"坚决不离婚"的执念被激发出来，造成了"死缠烂打式婚姻"。顺便说一句，"糟糠之妻"是指在穷苦时和自己结为夫妻，与自己共患难过的妻子（出自《后汉书·宋弘传》）。可以说，这种夫妻关系，也被困在了"嫉妒"这种让人深觉可惜的情感之中。

我还遇见过几桩这样的案例。妻子一方面承受着来自丈夫身体与精神上的双重家暴，一方面又沉溺于与丈夫的欢愉中无法自拔。也就是说，在性的支配下不知不觉产生的依赖，才让婚姻得以持续下去。

还有一些情况是，丈夫碍于社会眼光，半开玩笑半认真地把结婚定位成"一种修行"，边抱怨边维系着婚姻；而妻子则带着满满的受害者意识，一边念叨着对丈夫的埋怨和不满，一边又打算把自己"忍辱负重"的角色继续扮演下去。

唉，我们人类的婚姻，始终都是麻烦不断。

如果我们像动物那样，只把婚姻当作一种特别的"繁殖婚姻"，结婚就是为了繁衍子嗣，那"制度"也就没什么存在的必要了。

为了能在进行断舍离之后构建最舒适的夫妻关系，让我们先把制度意义上的婚姻搞清楚吧。这也是你选择哪种类型的婚姻、今后将如何生活的基础。

是融入婚姻制度中，把婚姻当作人生的全部活下去？

还是把婚姻制度当作一种"权宜之计"，时不时地利用一下，这样来规划自己的人生？

又或者跳出婚姻制度的条条框框，超脱出来，过自由奔放的人生？

无论哪种选择，都是由我们自主决定的，没有什么正确答案，也不是能由别人来判断是非对错的。而自己的选择是否正确，也许要等我们各自的人生走到尽头时，才能知道答案。

结婚是让我们后悔，还是带给我们无悔，不到人生最后，我们无从知晓。可因为这样，就过于慎重地对待结婚，也没有什么意义。

咦，那我自己又会如何选择呢？

我能确确实实地说出来的，是下面这些话：

　　我所谓"脱离制度"的目标，是指"软着陆"。正是为了实现这个目标，我才一直在不断探索。

　　可脱离婚姻制度的"软着陆"究竟会怎么样，也需要自己来亲身体验。夫妻二人也好，双方均是单身人士也罢，也许都需要相当漫长的人生修行，才能做到相互接纳、相互尊重。

分居？离婚？还是脱离制度的束缚？

为了践行不受常识束缚的生活方式，就想到"离婚"这一选项，未免有些鲁莽。

想要从"结婚"这种形态中解脱出来，除了离婚和死别，难道就没有其他方法了吗？不知怎么的，我脑海中总是涌现出这样的疑问。

于是，我开始思考婚姻的方方面面。

开始思考的契机源于这样一件事：

我工作的地方在东京，时隔一个半月后，我从东京回到位于石川县的家，和丈夫两个人去当地的一家日料餐厅吃饭。这家店我从年轻时起就常去，店主夫妇的孩子和我们的孩子又是同学，所以我们之间也有长达将近20年的交情。不仅身为两个孩子的妈妈的我们相互是朋友，我们两对夫妻也互为朋友。丈夫总是光顾这家店，我却是时隔两年故地重游，自然地和店主夫妇聊起了各自的近况，还聊得不亦乐乎。

丈夫装作开玩笑的样子说："这段时间我妻子（也就是我）一直一个人在东京工作，偶尔回来一次，我还觉得挺麻烦的。"大家听后都笑了。没错，这和世界上大部分妻子的台词——"丈夫大人，一切都好又不回家，才是最棒的"[1]是一个道理。在很早以前流行过的一个杀虫剂广告中，我的确总是听到这句话。于是，作为不情愿被当作蟑螂或者虫子来看待的妻子本人，我奋起反驳道："我这是在脱离制度。"

这时，一位在旁边听到了我们对话的上了年纪的老主顾过来问道："你说的'脱离制度'是什么意思？"的确，

[1] 1986 年出现在大日本除虫菊株式会社旗下商品的电视广告中的台词，曾获当年"流行语大奖"。

就算我说"脱离制度",别人也不明白是什么意思。那位上了年纪的老主顾提出的问题就是如此——"脱离制度和离婚,有什么区别呢?"

"硬要说区别的话,对于'分居'这个事实,如果说'一个人在外地工作'和'脱离制度'这二者是处在同一层面上的,那么'离婚'要比它们更进一步,和它们不在同一层面上。"我回答说。对我这个似是而非的回答,上了年纪的老主顾自然无法接受,便一脸不赞成地喝起了酒。

好,让我们来整理一下有关婚姻的说法吧。要说"说法"这东西,实在是不太靠谱,人们尽可以用一些对自己有利的说辞,想怎么掩盖真相就怎么掩盖真相。

所谓"结婚",要在一对男女同居的基础上才能成立。大多数人都是这样理解的。因此,如果不得已以某种形式"分居",我们就不得不用这样或那样的说法来粉饰这个事实。简单说一句"我们各过各的",貌似也不是到哪儿都好用。可在这句话后再加一句"虽然分居了,但我们还是相爱的"，反而显得更加不自然和欲盖弥彰。

总而言之，向外人说明情况，烦人得很。况且我们原本又有什么必要向外人说明这一切呢？就算对亲戚也是一样。最多也就是徒增他们本不该有的多余的担心："你们这么分居，真的没关系吗？"

尽管如此，我们中的大多数人，仍旧根深蒂固地认为"结婚＝同居＝夫妻"。所以无奈的是，对于"分居"，我们依旧抱有消极的印象。

也许正因如此，当我丈夫说"妻子一个人在外地工作"时，我便说"这是在脱离制度"，迅速终止了这个话题。我们不过是各自在不同的地方有必须要做的事情和自己想做的事情，仅此而已。

也有这样的例子。妻子坚称忙于工作、东奔西走、无暇回家的丈夫是"一个人在外地上班"，实际上，她不过是坚决不想让外人察觉，夫妻间的关系已经产生了裂痕。而之所以这样做，恐怕是因为这个裂痕，妻子自己也不想承认，还对她造成了心理上的打击。

还有一种情况是，妻子担心离婚带来的经济损失，丈夫又不想因为离婚丧失社会认可度，于是两人便标榜他们是"卒婚①夫妻"，一副婚姻模式很前卫的样子。

不管怎么说，分居就是分居。丈夫一个人在外地上班，别管是因为工作，不得已才做出的选择，还是因为妻子把孩子的教育放在首位，才最终导致的结果；别管夫妻二人是虽然分居但感情尚存，还是已经没有感情了才分居，就算换了种说法，说成"卒婚"，分居还是分居。

分居没有善恶之分，也没有对错之别。不过是夫妻当时的选择而已。即便夫妻间还有些事情不得不斟酌，也不过是要么夫妻二人达成一致后才分居，要么没能达成一致，仅凭一方的选择就分居了，仅此而已。只要一方不想再住

---

① 卒婚，是 2000 年以后日本出现的一种新型的夫妻生活模式，指的是夫妻二人维持婚姻关系，却互不干涉，各自享受自己的人生的生活状态。该词是在 2004 年出版的《推荐卒婚》一书中被创造出来的。

在一起了，同居就不再成立了，这就是事实。

我再说一遍，**"结婚＝同居＝夫妻"这种固有观念，会限制夫妻的生活状态，使之变得狭隘。**

没有什么比"结婚"这种模式下的男女关系，更让我们觉得是外界强加给自己的、让自己感到进退两难的东西了。大家最好这样来理解：结婚原本就是一种构造。明白了这个道理，才能找到更高明地处理夫妻关系的途径。

"人"这种动物中的雄性和雌性，有着自由的思考、强烈的感情、适当的理智和割舍不掉的情感，他们却不得不在社会规范中，在既定的法律和无言的压力下，创造出一种男女关系模式，它的名字就叫"结婚"。

这到底是麻烦，还是有趣？大家恐怕各有见解。

幸运的是，只要我们发现了还有不同居也能快乐地生活这个选项，之后的人生，便会超乎我们的想象。

丈夫说妻子"不守妇道"，
妻子说丈夫"见异思迁"

    我并不是夫妻关系问题的专业顾问，也并没有专门研究婚姻制度。但我接到过的烦恼咨询中，经常会涉及这方面的问题。

    我灵活运用"断舍离"这一概念，进行有关"整理"的专业指导。这里所说的"整理"，并不仅仅局限于物品的整理，而是从物品整理向空间整理、生活整理、人生整理渐次发展的。但无论发展成哪种整理，关注点都只有一个。那就是，要把焦点放在**"自己与它们之间的关系是正常运转，还是运转不畅"**上面。

    这也就是说，如果自己与物品之间的关系出现了问题，物品就会散乱不堪；如果自己与空间之间的关系出现了问题，那么不管是房间，还是整个居所，都会变得杂乱无章；如果自己没能好好维系与他人之间的关系，我们便会为人际关系而烦恼。

而"人际关系"中，自然也包含"夫妻"这种建立在婚姻制度基础上的人际关系。我也承认，不少到我这里来的人，都带着这方面的烦恼。

夫妻之间的烦恼，用一句话来说，就是"夫妻关系产生了裂痕"。而作为丈夫的男性和作为妻子的女性在用语言描述这个"裂痕"时，用词则往往不同。

"我觉得我丈夫见异思迁了……"

"我妻子似乎不守妇道……"

然而，让我感到十分吃惊的是，我几乎从没听到过"我的配偶好像喜欢上了我以外的人"这种描述。

　　别管是站在丈夫的立场，还是站在妻子的立场，别管是说对方"不守妇道"还是"见异思迁"，无论怎样表述，最终的事实只有一个，那就是"配偶与我以外的某个人产生了感情，并在此基础上建立了某种关系，而这种关系是在婚姻制度的范畴之外的"。我十分理解，这一事实有多令人痛心和难以接受。

　　唉，请大家原谅，我这样写，有些太枯燥无味了，一点也没有体现夫妻之间、男女之间那种难以言说的微妙感觉。可是在这里，我想说的是，我们有必要检查一下，语言表述是否也会模糊概念，混淆视听。

　　不知为何，在描述妻子的可疑举动时，丈夫爱用"不守妇道"这个词。从中可以窥见由性别差异而产生的长期以来的固有观念——女性要比男性更加严格地遵守社会规范和伦理道德。因此，从"不守妇道的妻子绝不可原谅"这句话中可以看出，男性有想要在社会上占据优势地位的愿望。

　　然而，妻子在描述丈夫的可疑举动时，则往往爱用"见异思迁"这个词。通过这种描述，我们一方面可以看出一种固有观念：相对女性来说，男性的见异思迁仿佛更加寻常，另一方面，也能看出妻子自我安慰式的想法——她想让自己相信，丈夫不过是一时的意乱情迷而已。

我再说一遍，你说"不守妇道"也好，说"见异思迁"也罢，还是说和"不守妇道"语感差不多的"不忠贞"也好，不管你用哪个词，现在，事实都只有一个，那就是——自己的配偶对自己以外的某个人动了心。区别不过在于动心到了什么程度，是已经深深爱上了对方，还是只是春心萌动而已。

结婚，不可能连人的心都拴住。婚姻制度说到底也不过是一种社会制度而已，不可能成为夫妻"心连心"的守护神。

婚姻制度也许能从法律意义上保护丈夫和妻子的权利，也许能暂时承认你是"不守妇道"或"见异思迁"的受害者，但无法修复你支离破碎的自尊和伤痕累累的心灵。

没错，在人际关系里，特别是夫妻关系里，我们即便把谁是谁非交给社会来评判，社会也确实做出了评判，可这些并不能治愈所有的一切。

经营夫妻关系，说到底还是要靠夫妻双方充分的交流和碰撞。

如果双方已经失去了进行充分的交流和碰撞的愿望，这时我们或许可以认为，夫妻关系早已走到了尽头。

到这一步，再后知后觉地搬出"不守妇道"和"见异思迁"这些像煞有介事的理由，也只不过显得更加虚妄而已。

我丈夫好像出轨了

为丈夫出轨而烦恼的妻子。

我的朋友川畑伸子也是一名顾问，她那里似乎也收到不少有关"丈夫出轨问题"的咨询。这里我附上一则她在断舍离的邮件杂志①上公开发表的回答。

提问：

我经常阅读你们发送的邮件杂志。

两年前，我深爱的家人去世了，我一直沉浸在悲伤中。听了川畑女士的咨询讲座和断舍离的研讨会，才总算渐渐

---

① 一种利用电子邮件的通信功能，定期向订阅者提供信息的新媒体。

振作起来。

可是，最近我丈夫的行为有些奇怪。

他貌似在和同公司的一名女性交往。回家后，也经常和对方发短信交谈到深夜，周末也总找理由外出。

决定性的证据，是我看到他的一条信息上写着"周末订家餐厅，一男一女，希望坐在能够看到夜景的位子"。（那天，他说要接待客户所以住在外面，然后就出门了。）这种时候，如果家人还健在该多好，还能听我诉诉苦。我这样想着，便流下泪来。我也想去质问他，却又害怕得到肯定的答案。再说，我也没有勇气失去现在稳定的经济基础，觉得就这样平平淡淡地过日子，也未尝不可。

就这样睁一眼闭一眼地走完自己接下来的人生，是不是很奇怪？

匿名的 50 岁主妇

回答：

人生中，想必没有比深爱的家人去世更让我们感到痛苦的事了。想必您一定很辛苦。两年，应该还在服丧期间吧。

在这么困难的时期，丈夫却有了出轨的嫌疑。您一定在哀叹，这样的灾难为何偏偏降临到我头上呢？我能体谅您的心情。

我想，失去了挚爱的家人，妻子还因此每天生活得郁郁寡欢，这样的痛苦，对您丈夫来说，恐怕也是很难承受的。

在人生中，当人处于巨大压力下的时候，特别是像这种失去挚爱的家人的情况，是需要精神上的支撑的。

如果夫妻二人能够互相支撑，是再好不过的。可当对方也沉溺于痛苦时，就需要从其他地方获得支撑和能量，来保持自己内在的平衡。这件事本身是极其自然的。

可有的时候，如果无法很好地找回平衡，不争气的我们就会消极地去填补缺失。而在一般的社会观念看来，有些填补方式是不健康的。外遇和出轨就是其中之一。除此之外，还有酗酒和赌博，有些人也会依赖购物。这些都是大家逃避痛苦、寻求安宁和被治愈所导致的结果。

许多人会用一般的社会观念指责对方、审判对方，然而，在说"行为本身能不能被原谅"之前，我们首先应该从无法随心所欲的人生中学到学问。要培养一种态度，去"深刻地理解"自己和对方的关系正处在怎样的背景下。

当我们面临外遇或出轨时，也许会觉得自己被背叛了，感到愤怒和失望。

然而，对方的动机并不是要背叛你，而是逃避痛苦、寻求安宁、渴望被治愈。出于这些动机，他们不争气地想要找回平衡。可有时，配偶并不喜欢他们这样。

原本，这种需求如果能被曾许下海誓山盟的人来满足，是再完美不过的。可人生路上，有时，曾许下海誓山盟的那个人恰恰会成为问题和烦恼的源头。

我们都愿相信，自己是有价值的人。我们都是这种动物。

不管有意还是无意，我们都想摆脱不知不觉地就认为自己很无能的状态。

然而自己的价值和能力，自己无法认可，只能向别处追寻，寻找一种自己在精神上被别人需要的关系。凭借别人对自己的需要，拼命证明自己的价值。

人就是这样软弱无用，需要被爱。

或许，你自己也曾因为"我是否被他人所需要呢"这个烦恼而感到苦闷。

首先，为了理解这一系列的前因后果，我们要培养想象力。

其次，无论在什么状况下，都不要忘记这一点——没有人是毫无价值的。

我再说一遍，我并非在肯定外遇和出轨的行为，而是希望你可以培养一种以多元的视角来深刻理解这件事的态度。这是救我们脱离苦海最好的办法。

临床上，经常会听到像你这样的烦恼。

有时是因为出轨的一方本来就是"出轨成瘾"的性格，这种情况下，是单方面的问题。但更多时候，在出轨发生以前，被出轨的一方就开始指责或批判对方，或者说在某种程度上，已经开始厌恶对方了。

这也就是说，很多情况下，对方做了"恶人"，把夫妻关系中存在的问题暴露出来了。

我们抓住对方出轨这种不被社会认可的行为当"撒手锏",试图证明自己的正当性。可这样做往往以失败告终,并不能给我们带来安宁与幸福。

夫妇二人经历了怎样的人生,才走到了这一步,又准备如何应对这种情况?

我认为,是时候回顾一下了。

生病、突发事件、事故,也是一个机会,可以清晰地暴露出自己所面临的问题,让我们知道需要厘清哪些关系,并让它们向健康的方向发展。

您在提问中说到,您似乎对经济感到不安。如果经济上的问题得到解决,您对丈夫是不是就没有留恋了?

如果是这样的话,解除夫妻关系也许会更好。这种情况下,我劝您从现在开始努力确立自己的经济基础,毕竟您才 50 岁。

试着自己去穿越风雨,努力赚取今天的食粮。

这样一来,或许您会变得自信起来,变得比现在更加喜欢自己。

如果您想再次孕育和丈夫之间的爱情，今后也想和丈夫相互珍重地走下去，那就请您从重新明确你们彼此对结婚对象的需求开始做起，如何？

请务必不要忘记，在这个困难的时期，您深爱的家人的灵魂，也在宇宙中的某个地方守护着您，默默地支持着您。

川畑伸子

对于丈夫出轨，你又会如何应对呢？

解除夫妻关系 = 解除婚姻关系

我开始标榜"脱离婚姻制度"的说法后，在我身上，还真发生了一件似乎在考验这个说法的事情。

某次盂兰盆会的假期，长期出差的我回到家中，竟然发现了一个集丈夫的宠爱于一身的存在！

这可如何是好。我们正在实践着"脱离婚姻制度"的夫妻模式，因为这件事而大吵大闹，合适吗？丈夫自己酌情满足自己的需求，不是也没什么问题吗？

于是，我先做了一个深呼吸，让无法平复的心情回归冷静，开始对那个存在进行考察。

丈夫的"情人"Sandy（桑迪）小姐，今年两岁的它，正值妙龄。它那天真可爱的眼眸，惹人喜爱的举止，深深俘获了人心。

没错，俘虏了丈夫的，是两个月大的时候来到我家的雌性约克夏梗狗。其实，这只小宠物狗是我和儿子在丈夫生日时送给他的礼物。我虽然一直知道丈夫喜欢动物，但绝没想到他竟然痴迷到这样的地步，倾注了如此多的感情！照顾它吃饭、排泄、洗澡、美容、散步、看医生，甚至训练它抬手、趴下，他都勤勤恳恳。在曾经一心扑在工作上的丈夫身上，这简直是不可想象的事情。

不过，多亏如此，我们之间的"卒婚"关系或许会加速发展。

当初，夫妻间的关系是靠孩子这条纽带维系的。孩子独立后，当夫妻二人不得不再次直接面对彼此时，也许就需要一些东西来缓冲一下。

这样想来，在这个少子化、老龄化的时代，也许宠物的存在会越来越有价值。

然而，在这里我们有必要整理一下，婚姻关系和夫妻关系是截然不同的。

迄今为止，我不知道接到过多少有关夫妻关系问题的咨询。大多数咨询都是说，虽然夫妻关系已经出现了问题，但为了孩子还在忍着。然后，这种忍耐就变成了抱怨与不满，在日常生活中，一股脑儿地都发泄在孩子身上。

也就是说，大部分咨询者都说着"我是为了孩子"，打算把婚姻维持下去。可实际上，大多数情况下，他们拼命维持的，仅仅是婚姻关系这种"体制"而已。

孩子的存在，说到底不过就是说给自己听的借口而已。夫妻关系的名存实亡，就等于已经解除了婚姻关系。我们非常害怕失去一直以来通过结婚所获得的社会认可和经济保障，我们没有自信，不知道失去了这些以后生活还能不能维持，我们充满不安，不知道失去了这些以后还活不活得下去。因此，我们说着"孩子是需要父母的啊"，紧紧地抓住婚姻关系不放。

换句话说，这样的夫妻关系，就是在自欺欺人。不过是靠恐惧和不安维系的婚姻关系而已。当这种自欺欺人快到极限时，当无法再忍受自己对自己说的谎言时，人们就会迈出从法律意义上解除婚姻关系的步伐。

回到文章开头所说的我丈夫的"情人"问题。如果占据我丈夫的心的不是小宠物狗，而是另一个女人的话……

我是否也会倚仗着受日本政府保护的合法妻子的身份，去这样，那样地主张自己的权利呢？

不不不，还是饶了我吧。

为了维护我的自尊，我不想紧紧地抓住法律上的身份不放。

如果说，游移不定的爱可以暂时庇护情人，那么是否可以说，坚不可摧的法律是妻子永远的保障呢？

这样的话，我既不要庇护，也不要保障。

我想做一个可以一直自立、自律地构建合作关系的自己。

有没有给房间换气?
有没有给夫妻关系"换气"?

遗憾的是,我收到的有关"居所杂乱"的烦恼咨询完全没有减少,而且杂乱的程度还在不断恶化。

与此同时,在这个居住空间内发展出来的夫妻关系,也完全是同样的状况。这也是理所当然的。只有住所和家庭都一团混乱的人才会成为我的客户,房间整洁、家庭和睦的幸运儿们,原本也不会到我这里来。

空气停滞的居住空间里,夫妻关系也寸步难行。

令人窒息的居住空间里,夫妻双方也痛苦不堪。

荒废沉闷的居住空间里,夫妻关系也一言难尽。

一瞬间的不满，或者说**小小的不满经过长时间的累积后，夫妻间的芥蒂，一定能通过居住空间的现状反映出来。**

说一件我曾遇见过的事情。这种情况非常常见。妻子说："我丈夫人倒是不错……"换句话说，这是妻子在控诉："我丈夫很无聊。"可对于妻子的倦怠状态，大多数时候，丈夫似乎都浑然不觉。这种情况下，居住空间就是一所既没有意趣，也毫无装饰气息的房子。也就是说，家中的装饰既没有亮点，也缺少刺激。

另外，还有一些妻子会说："我丈夫很啰唆。"妻子开始断舍离后，丈夫就会说"喂，这也要扔掉吗""那也要扔掉吗"，然后一件一件地检查。这大大地影响了好不容易下定决心要把家变得清爽的妻子的心情。只会让妻子渐渐对丈夫感到厌烦与幻灭。可也许丈夫并没有别的意思，只是对妻子的行动做出反应而已。

有的丈夫会这样评价妻子："烦人。"如果妻子很黏人，总是缠着丈夫的话，也许丈夫确实会产生这样的感觉，倒也不足为奇。可这样的话，妻子就会觉得做家务非常麻烦，从而把要洗的衣服堆积成山，把脏餐具都堆在厨房的洗碗池里，置之不理。

这种情况越来越严重，结局就会演变成，丈夫对妻子产生了"厌倦"。

的确，如果妻子嫉妒心强，总是监视丈夫的行动，从早到晚不停地发短信询问丈夫在哪里、在做什么的话，会让丈夫觉得喘不过气来。这样的家庭中，如果到处都摆着妻子感兴趣的物品，不管是以前喜欢过的，还是现在正沉迷的，都打着"室内装饰"的名义，杂乱无章地摆得到处都是，在丈夫看来，会忍不住想说一句"你别太过分了"吧。

无聊

啰唆

烦人

厌倦

不过程度不同而已，都是一方对另一方的感受。或者说是夫妻双方莫名的郁结和积愤。

究竟有多少夫妻，能一直怀有当初结婚时的幻想——夫妻和谐，长久和睦，直到永远……

家庭的维系和管理，日常的家务，一旦有所怠慢，用不了多久，家里就会变得凌乱不堪、杂乱无章。夫妻关系也是如此。所以，我们也不得不常给夫妻关系换换气。

如果疏于换气，或是一味拖延的话，夫妻关系的前景会如何，应该不用多说了吧。可是，如果居住空间的空气已经停滞了的话，那么情况往往是，夫妻原本就没有意识到换气的必要性。

就像换气能给空间带来改变一样，**改变距离感，也会给夫妻关系带来变化。**

这本书还会继续写下去，但并不是追求什么方法论。之后的内容，希望你可以一边思考自己的人生，一边读下去。

◎不能只是一味抱怨。"想做"的愿望和"要做"的决心之间，是有天壤之别的。

◎常识并不能带给我幸福。

◎就算夫妻双方的价值观完全一致，这样的状态也不可能一直持续到将来。

◎"结婚＝同居＝夫妻"这种固有观念，会限制夫妻的生活状态，使之变得狭隘。

◎不管是对人还是对物，都要把焦点放在"自己与它们之间的关系是正常运转，还是运转不畅"上面。

◎婚姻制度不可能成为夫妻"心连心"的守护神。

◎就像给房间换气一样，夫妻关系也可以通过"改变距离感"这种"换气"，发生变化。

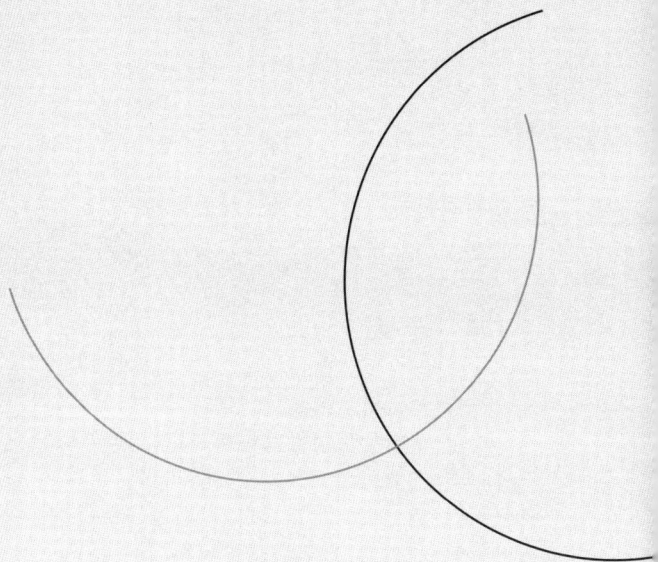

第 3 章

创造自己归宿的人
和毁灭自己归宿的人

夫妻关系，或许也会变成在"加害者"和"受害者"的立场间来回穿梭的关系。

最想断舍离的"东西"，居然是丈夫?!

我担任过几次监制的一本女性杂志，曾做过这样的调查——你现在最想断舍离的东西是什么?

这个问题当然是针对物品的。我想任何人都有过这种时候：心里觉得这件物品"已经不需要了""已经想要扔掉了"，可一旦真要扔掉时，又犹豫不决，开始思考这究竟是一件怎样的物品。

首先，如果我们原本就做出了"这件物品已经完全没用了"的判断，那么当下就会把它干脆利落地扔掉。而如果做出的判断是"这件物品还有用"的话，它就不会被当作断舍离的对象跑进我们的意识里。

也就是说，可以确定的是，我们并没下定"我要把它断舍离掉"的决心，而是徘徊在"我想把它给断舍离掉"的阶段，踌躇不定。

这次调查的结果如下：

丈夫！

啊，有件事请大家不要误会。**断舍离是想让大家专注于重新审视物、事、人与自己的关系，并不是让大家抛弃什么人。**可话虽如此，反馈回来的答案中，"丈夫"占据了压倒性的大多数，也的确是事实。

所以，我们不能对这个事实视而不见。

据我观察，答案是"丈夫"的妻子，她们的状态可以分为三种：

容忍丈夫的妻子

在丈夫面前一直很压抑的妻子

对丈夫心怀不满的妻子

容忍、压抑、不满，不过是程度不同而已，妻子们的确都想把丈夫给断舍离掉。可说到底，这也不过是愿望而已，并没有转化为行动。因此，面对"想把什么断舍离掉"这个问题时，才能毫不畏缩或者说是肆无忌惮地说出"丈夫"这个答案。

要我说，正因为容忍、压抑和不满都在我们的承受范围之内，我们才容忍得了，压抑得住，能够用"不满"来一语带过。如果让我冒着被误解的风险来说的话，那就是：

妻子认定自己会一直容忍

妻子认定自己会一直压抑

妻子认定自己会一直心怀不满

我们听到的，都是对这些观念坚信不疑的妻子的声音。

为什么这么说呢？因为她们还有工夫来回答调查问卷。如果她们急不可耐地拼命想要解决问题、挣脱困境，哪里还有闲工夫来回答什么调查问卷。

　　既然如此，我们就有必要来研究一下，只有愿望而没有实际行动的妻子们，心情如何，又有哪些想法。

　　妻子们虽然心里"想把丈夫给断舍离掉"，可还是会觉得对丈夫余情未了，自己一个人无法糊口，离婚太耗费精力了。

　　把"感情、经济上的不安""随之付出的精力"与"容忍""压抑""不满"放在天平的两端衡量后，妻子们最终还是选择了维持现状。之后，维持现状的妻子们，会进入这样的状态：

　　容忍型妻子陷入了死心

　　压抑型妻子的被害者意识越发强烈

　　不满型妻子认为应该改变丈夫，开始发动攻击

　　对此，我只能深感遗憾。无论如何，对双方来说，"夫妻"这一关系都已经失去了创造性。自己的人生，始终只能在死心、被害者意识和来自对方的攻击中度过。

那么，该怎么办呢？

对了，在计划今后应该如何是好之前，大家也可以先关注这样一件事。

自己的丈夫，也有无限大的可能，认定自己：

在容忍妻子

在妻子面前压抑着

对妻子心怀不满

也许是凑巧在男性杂志中，没有那样的调查，没有出现"最想断舍离的是妻子"这样让人一眼就能记住的标题。又或许是因为丈夫聪明地知道，对妻子说三道四，只会降低自己的社会评价，所以不会声张罢了。

不管怎么说，与妻子一样，容忍型丈夫、压抑型丈夫、不满型丈夫也极有可能是在自己的承受范围内容忍、压抑、不满，也一样没有使用任何方法去解决问题。

既然如此，如果我们能聚焦于"承受范围"的"空

当"，就应该可以找到一些改善夫妻关系的线索。抓住
"空当"，应该还是有些价值的。

念叨着"麻烦、难办、烦人"，不去认真地面对对方，
不是容忍，不是压抑，而是怠惰。像这样维持现状得过且过，
到最后，不仅不能维持现状，自己还会走上枯萎的人生。

抓住"空当"，也需要一些勇气，不，是需要相当大
的勇气。

即便如此，要不要拿出这样的勇气，也全看你自己。
没错，说到底都是你自己的选择和决断。

住所与夫妻间的愤怒和死心

整理不好的居所，其背后一定横亘着处理不好的家庭关系问题。整理不好的居所的现状，可以将处理不好的家庭关系问题原封不动地反映出来。

断舍离讲究的是过程。所以，致力于断舍离的结果会如何，我并没有过多地考虑过。这也就是说，不管什么结果，也不过仅仅是一个节点而已，人生还会继续，直至我们死去。我们的宿命就是要一直活着，直至死去。

因此，**在日常生活中发现什么、如何发现，又如何将我们的发现应用到之后的生活中去，对我们来说，尤为重要。**

下面来看看我在现实中实际见到过的家庭关系，特别是夫妻关系的模式。

妻子总感到很烦躁。烦躁的源头，当然是丈夫的态度。丈夫总把一切都放着不管。早上，把打开的报纸原封不动地放在餐桌上就离开。深夜回家，泡完澡后喝杯啤酒，啤酒杯也原封不动地留在桌子上。从妻子的角度来说，她只希望丈夫可以稍微体谅她一下，希望丈夫可以把报纸叠起来，把啤酒杯放到厨房的洗碗池里，仅此而已。

上面这样的事情，可以说是司空见惯。面对这种司空见惯的事，妻子的处理方式有两种。

不停地唠叨丈夫
自己默默收拾好后，一声叹息

态度虽有所不同，但不变的是，妻子对丈夫的不满会日益加深。

然而，在丈夫看来，这些微不足道的事情，和自己在公司的工作中遇到的压力相比，简直不值一提。更重要的是，丈夫根本就不会想到，妻子会因为这点小事产生压力。

妻子们对丈夫的不满日益加深，不管她们采取的是哪种处理方式，我都只能说很可惜。前者是"唠叨型"妻子，完全没有意识到自己发动的唠叨攻势对解决自己所面临的问题毫无助益；后者是"叹息型"妻子，则是放弃了解决问题。

解决方式有问题

放弃寻找解决方式

二者的区别，可以通过家中的状态完美地体现出来。"唠叨型"妻子面对丈夫完全不改善的态度，气恼又无奈。她不知道自己的唠叨适得其反。正因为不知道这一点，不久后，这份无用功便会转化为"愤怒"。而化解愤怒的方式，则大多数是购物。购买没用的东西，并把它们的包装材料杂乱无章地在家里堆成小山。"叹息型"妻子则会被死心所支配，觉得自己做什么都没用，都不会改变现状。不久后，死心转化为绝望，妻子也就懒得动了。于是，家中的物品就被放置不理，一直堆在那里。

散漫无序的居住空间，物品杂乱无章，是愤怒的积攒

死气沉沉的居住空间，物品堆积如山，是死心的累积

然后，妻子与丈夫间的关系也随之变成了愤怒与死心。

丈夫甚至无法想象，长期以来，自己不断重复的无意识的细微的行为，会给夫妻关系带来如此大的影响。

你的婚姻生活已经度过了多少岁月呢？

你的居住空间，是散漫无序，还是死气沉沉？

虽说有些画蛇添足，但我还是斗胆再说一句，相反的情况——丈夫对妻子的愤怒与死心，也不少见。

限制行动自由的家庭暴力

为什么宠物会变得如此令人依恋呢?

首先,语言不通。

有这一条不就足够了吗?

作为饲主,大前提就是,我们充分认同了"对方与我们语言不通"这一点。因此,我们才会用全身的爱与赤诚,拼命地想要与它们交流。或抚摸,或摩挲,或拥抱。宠物也会坦率地回应我们,用全身来表达它的喜悦。

其次,主从关系明确。

当对方是宠物时,我们原本就不需要大声主张自己的优势地位。所以,我们不用在无谓的"霸权争夺"上浪费精力,只要一心宠爱它就够了。即便如此,对方也不会从我们这里夺走任何东西。

　　我之所以说起宠物的话题，是因为下面这个原因。

　　人类对宠物万分宠爱，甚至可以把其当作家庭的一员。为何同为家人、本该和睦相处的夫妻之间，却会产生沟通上的问题，甚至发展到家庭暴力的地步呢？这个简单的问题一直盘桓在我的心底。

　　有哪些东西，在和宠物的关系中存在，但在夫妻关系中是不存在的？

　　有哪些东西，在夫妻关系中存在，但在和宠物的关系中是不存在的？

　　看透了这个问题，刚刚的疑问不也就迎刃而解了吗？

　　这话听起来也许像是在开玩笑，但我可是非常认真地在研究这个问题。因为，失去丈夫后既不会哀叹也不会悲伤的妻子，失去爱犬后却会患上严重的"痛失爱宠综合征"。

这听起来像是在胡说八道的事情，却是真实存在的。

　　我们因为语言相通而自以为是，坚信只要把话说出来，对方就能明白。更有甚者，会误以为夫妻间即使沉默不语，也能心意相通。所以，才会说"丈夫（妻子）不理解我"，对对方日益不满，让事情变得复杂起来。

　　再者说，夫妻间原本就要在家庭内部展开"地盘争夺"。在家庭生活的经营中，"主权争夺"的问题的确是要么不露痕迹，要么郑重其事地存在着。但人和宠物之间并不存在这个问题。

　　"你究竟是靠谁才有饭吃的？"
　　"到底是谁在养着你？"

　　"反正我也是靠别人吃饭的。"
　　"不管怎么说，我都是靠别人养着的。"

和宠物之间，这类赡养问题是不存在的。赡养的一方认定自己占据了优势地位，被赡养的一方却被束缚在劣势地位里，这类夫妻间极易产生的根深蒂固的对立，在宠物身上却不会发生。

可以说，家庭暴力分为以下三类：

用身体暴力让对方恐惧

用精神暴力让对方恐惧

用社会暴力让对方恐惧

当然，"恐惧"的程度是有所不同的。

尽管如此，我仍旧认为，所有的家庭暴力都是犯罪。然而实际情况是，大多数时候，在法律上被认定是犯罪的，仅限于身体暴力。而且，除非当事人拿出相当大的勇气来控诉，否则，就连身体暴力都极少被放到明面上来。因为，陷入恐惧中的人，是无法自主行动的。

那么，被划归在第三种家庭暴力，也就是社会暴力的范畴中，还特别常见的，是哪种情况呢？这种情况还往往是由妻子一方发起的。

首先，我想请大家明白，我所说的家庭暴力，关键词是"恐惧"。

然后我要说，那便是对"嫉妒"的恐惧。

释放强烈的"嫉妒能量"，不断监视、束缚配偶的行动。

如何，你不这样认为吗？

外出的时间、地点、同行人，都要一一调查、确认，所到之处，都有电话追过去，短信也要检查。不允许丈夫比事先约定好的时间晚回家，要求丈夫随时报告行踪。一旦丈夫有所怠慢，家里不久就会刮起一场"不愉快"的暴风雨。

就是这样。**妻子（或丈夫）过度的嫉妒心，让丈夫（或妻子）的心灵得不到休憩，时刻陷入快要窒息的状态中。这样的事情，实在是太多了。**

　　这真可以说是"对嫉妒的恐惧"了。而且，当事者本人还觉得这是爱，或者说是身为妻子（或丈夫）理所当然的权力，这才是更麻烦的。

　　的确，这虽不是将配偶软禁于囚笼之中，却无异于从心理上限制一个人社会行动的自由，把他们囚禁在"看不见的牢房"里。

　　过度的嫉妒，就是家庭暴力。

　　这种"嫉妒家暴"，蔓延到了什么程度呢？

　　"嫉妒家暴"的受害者，又有多少呢？

　　每每想到这些，就心生黯淡的人，应该不止我一个吧。

受害者渐渐变成"加害者"

有一次，我从老家乘飞机飞往羽田机场。当时我坐在最前端第二个座位上，像以往那样陷入沉睡，突然被一位男性的大喊大叫声吵醒了。

那位男性坐在最前方，也就是我前面一排中间的座位上，似乎正在对坐在过道另一侧靠窗座位的一位乘客进行着某种说教性的指导。他在向那位素不相识的乘客大声地说着"搭乘飞机的心得"，而且还是在烂醉的状态下。

不巧的是，飞机正在降落，客舱乘务员已经回到座位上，无法制止那位烂醉的乘客的蛮横行为。"沐浴"在烂醉的乘客满嘴胡话卜的那位靠窗的乘客也紧紧地系着安全带，只能老老实实地待着。想必他一定觉得凄惨无比，难以忍受。

　　飞机着陆后，舱门一打开，那位烂醉的乘客就像大老板刚刚教训完不懂事的小伙计一样，高高兴兴地第一个走下飞机扬长而去。愤愤不平的，只剩下身为受害者的那位靠窗的乘客。

　　理所当然，他开始向飞一般赶来道歉的客舱乘务员抗议。

　　"你们为什么向那种客人提供酒呢？"

　　"是这样的，那位客人在机场休息室时就醉得很厉害，一直在大喊大叫。"

　　"对这样的客人你们应该好好控制一下吧。"

　　的确，身为烂醉的乘客的受害者，这位乘客说得没错。但是，他用震耳欲聋的声音、面红耳赤地说教客舱乘务员的样子，和刚刚那位烂醉的乘客的做派并没有什么两样。至少对坐在他们后面一排、经历了烂醉的乘客和他的双重大喊大叫的我来说是这样的。

因为，刚刚骂他的并不是客舱乘务员，她并不是"加害者"。

于是，客舱乘务员更加拼命地解释道："乘客先生，我并没有从地勤工作人员那里收到类似的通知。"

哎呀，很遗憾，这种情况下，她的话会适得其反。

果然，对她听起来像是在说"这可不怪我"的发言（虽然实际上她确实没什么罪过），受害的乘客更加愤怒了。这位乘客好不容易进行了一场说教（当然，在他看来，这不过是在主张他"应该这样做"的论调），所以，他所期待的回应，一定是"乘客先生，您说得对"。

要想平息人的愤怒，不能把焦点放在他所说的话的内容上。况且，判断话的内容是对是错也没有意义。时间、场合、人物不同，对错也是变化多端的。其实，刚刚那位烂醉的乘客也是在主张他所认为的正确。

愤怒是一种"情绪"。

愤怒，是在自己所期待的人没能按自己所期待的那样理解自己的心情时涌起的情绪。

对靠窗座位上的那位男性来说，自己凄惨地被蛮横无理地纠缠，这份难以承受的心情，他希望空姐可以从心底理解他。

要是孩子的话，会因为窝火而哭出来吧。得到母亲对哭泣的自己"是吗是吗，好了好了"的安慰后，心情才会平复。和这种情况是一个道理。

可是，那位男性已经老大不小的了，总不能哭着求安慰吧。但他又想让别人理解他的心情，所以，他才会用他认为的"应该这样做"即"乘务员的正确做法论"，向乘务员大喊大叫。于是，空姐才下意识地表达出"这不是我的错＝不怪我"。

想用语言掩饰自己难以承受的心情，但又掩饰不住，所以声音变大，表情也变得狰狞，这次自己变成了"加害者"，将和烂醉的乘客毫无关系的客舱乘务员，变成了承受自己用"应该这样做"论调发动的说教攻击的受害者。

从受害者到"加害者"的变身，多么让人唏嘘。

变成受害者的空姐，又会如何发泄自己这份难以承受的情绪呢？我只能祈祷，她不要发泄到某个人身上，不要再出现新的受害者了。

请您当心，夫妻关系，或许也会变成在"加害者"和"受害者"的立场间来回穿梭的关系。

妻子觉得"都怪丈夫"，
丈夫觉得"都怪自己"

妻子可以满不在乎地倾诉对丈夫的抱怨和不满，特别是在女性之间的交谈中。然而，丈夫不会轻易向周围的人吐露他对妻子的抱怨和不满。

一直在为人们进行烦恼咨询的我，印象中是这样的。

但我一定要事先说明，我的客户中大部分都是女性，这样的印象，自然也是在我听她们聊完烦恼的对象——丈夫之后形成的。

尽管如此，近来，来自丈夫一方，也就是男性的咨询也多了起来。他们的咨询并不会停留在不得要领地抱怨和倾诉不满这种水平上，大多数时候都很深刻。的确，除非发生了很过分的事情，否则，丈夫是不会对自己的妻子说三道四的。因为抱怨妻子，就等于自己在到处宣传：身为丈夫，有一个这么不像话的妻子，那我自己也像话不到哪儿去。

恐怕做丈夫的内心深处都是这样想的。男人的意识中似乎都有这样的烙印："拥有令人自豪的妻子，才是真正的男人。"的确，如果周围都在窃窃私语"那个人的妻子好像挺不像话的"，即使他能收获"那男的可真惨"的同情，外界对他自身的评价也不会变好，反而会变差。

但是妻子，也就是女性可不一样。因为她们很容易从这样的立场来看问题——丈夫和妻子是两个独立的人格，丈夫不像话，丈夫让人拿他没办法，是丈夫有问题，我是那个问题男性的受害者。没错，恰恰是这个"受害者"的身份颇具魅惑性。坚毅的妻子一直在忍受不像话的丈夫，自己把自己塑造成悲剧女主角，然后以此来博取关注。

这里我要说明一下，这部伪悲剧中的悲情女主角——妻子，说到底也还是停留在抱怨和不满的层面，如果"问题丈夫"真的实行了家庭暴力，她们不会仅仅抱怨几句，说说不满就了事的。这里我们讨论的，并不是真正处在家庭暴力中的妻子。

伪悲剧中的悲情女主角——妻子，只会一直不停地抱怨丈夫。我们从一开始就没有发现，她们有要付出什么行动，从正面去解决问题的想法。因为问题一旦解决了，她们便不再是悲剧女主角了。不过，她们自己并没意识到这些，作为当事者本人，也确实对丈夫怎么看都不顺眼。

在上一节，我们探讨了受害者变为加害者的连锁反应，在这里，我们来想一想这连锁反应的夫妻版，即夫妻关系中可以完美代入加害者和受害者角色的情况。

这种情况中，恐怕妻子原本就具有强烈的受害者意识。

妻子认为，她之所以是现在这种对生活很不满意的状态，都是和丈夫结了婚的缘故。

每天都只顾着照顾孩子，每天都从早到晚地做家务，可当孩子终于长大成人，年近四十的妻子终于有时间回顾自己的人生时，开始觉得，她的人生本不该如此。

妻子是这样想的：

"我应该比现在更有能力。我也是大学毕业，也留过学，也学过不少东西。这样成天待在家里的生活与我并不相称。反观丈夫呢？把家里的问题全都推给我，自己向着喜欢的工作奋勇前进，一显身手，得到了社会的认可。得到认可的只有丈夫，我自己却没有得到丝毫的关注，也没有得到社会的认可。曾经，我们明明都是同学，是在一起学习的同伴，都有着相同的境遇。"

高学历的女性也许经常会陷入这种状况。于是，妻子便行动起来了。为了自己也能走上社会，她们开始从事顾问的工作。

这完全就是再现了"要成就一番事业的女人"的样子。但事情不会轻易进行得那么顺利。她们每天都在等待客户的到来，郁郁度日。这样一来，妻子便越发地迁怒于丈夫，每天责怪丈夫说："都是因为你，都是因为和你结婚，才会活在你的阴影里。"

妻子认为，一切都是丈夫的错。

没错，这样的妻子，充满了"被抛弃感"。

丈夫每天都受到妻子的责备。在妻子看来，丈夫是夺走她们大展身手的机会和环境的"加害者"。自己身为受害者，责备身为加害者的丈夫，是理所应当的。

妻子念叨着"反正我也就这样了"，乖僻而固执，总是营造出一种充斥着不愉快的氛围，不停地发动消极的攻击。

于是，被塑造成加害者的丈夫，每天承受着来自带有强烈受害者意识的妻子的消极的攻击，自己的无能在妻子面前展露无遗，他们渐渐便会觉得，自己的确是罪孽深重，都是自己把妻子变成这样的。丈夫知道妻子年轻时有多么意气风发，便坚定地认为都是自己的错。

要我说，现在，这样的丈夫，才是郁郁寡欢的妻子的受害者。

妻子认定是丈夫的错
丈夫认定是自己的错

在夫妻关系中，探讨哪一方是受害者，哪一方又是加害者，这本身就是有问题的。在夫妻问题中，说什么谁是加害者，谁是受害者，是没有意义的。

必要的是"尊重双方各自需要解决的问题"。

即便是夫妻，也都是作为独立的个体走在人生路上，都带着各自需要解决的问题生存着。

自己需要解决的问题，不要一不小心就让对方来背负。

对方需要解决的问题，自己也不要一不小心就去背负。

这才是相互包容、相互尊重的真诚的关系。这也是夫妻间的一种断舍离。当然，这不仅仅适用于夫妻之间。

有的人走上了自己喜欢的路，有的人则相反

断舍离一下，身心都轻松。

实际上，你的住所变得清爽了，你自己也会变得轻松。

斩断负面情绪，就能行动自如。你开始想要去挑战新事物，开始想要积极地和朋友交流，周围环绕的都是让自己感到舒适惬意的事物。能过这样的生活，心情简直不要太好。

一直都不敢邀人来做客的居所，变成了希望客人一定要来看看的居所，其中或许也蕴含着一些不自觉的"断舍离的骄傲"吧。

曾有一位女性这样形容断舍离的人生历程：

"有的人走上了自己喜欢的路，有的人则相反。"

人世间，既有宽阔大道，也有纤细小路。携带大量行李的人，只能走宽阔大道。所谓"宽阔大道"，指的是大家都会走的"常识"之路。然而，轻装简从、身心轻松的人，也可以选择走纤细小路。那条路，或许可以通向"真我"。

纤细小路上，也许有小小的蒲公英盛开，可以细细品味一直以来不曾见过的风景。而像国道、公路干线这样的宽阔大道，则到哪里都是大同小异。

相反，纤细小路，别管是胡同小巷，还是田间小路，在那里，等待你的都是新的发现、新的相遇。

"路"就是人生。是过自己想要的人生，还是只能过规定好的人生，区别就在于，你有多少行李，心中又负重几何。

"不管哪条路，我都能自由行走。而所到之处，我既带着彼时所必需的东西，也可以随时去获取我所必需的东西。我与'行李'之间，变成了这样的关系。"

她这样说着，露出了开心的笑脸。

她选择了一场非常美好的人生之旅。

可以行走于不同的道路，意味着你可以选择各式各样的人生，拥有着无限的可能。随着年龄的增长，人所要背负的东西也渐渐增多。明明你可以随时放下已经不需要的东西，但你不允许自己那样做。于是，不知不觉间，你便走上了负重前行的人生路。

与物、事、人的良性关系，指的是你既有背负它们的自由，也有放下它们的自由。至少我是这样认为的。

◎断舍离是想让大家专注于重新审视物、事、人与自己的关系，并不是让大家抛弃什么人。

◎夫妻间的关系是不是变成了愤怒与死心？

◎坚信只要把话说出来，对方就能明白，是一种很深的错觉。

◎不要用过度的嫉妒心，逼得对方喘不过气。

◎请您时刻当心，夫妻关系，变成了在"加害者"和"受害者"间来回穿梭的关系。

◎自己需要解决的问题，不要一不小心就让对方来背负；对方需要解决的问题，自己也不要一不小心就去背负。

◎轻装简从、身心轻松的人，也可以选择走纤细小路。那条路，或许可以通向"真我"。

◎与物、事、人的良性关系，指的是你既有背负它们的自由，也有放下它们的自由。

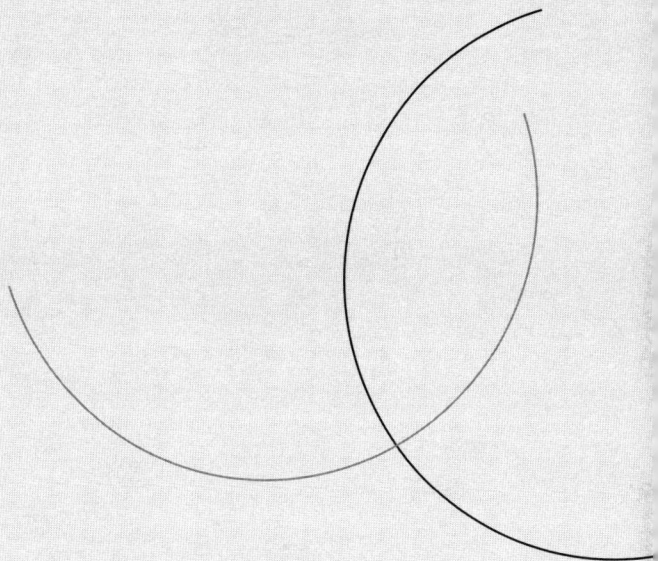

第 4 章

从断舍离的视角，
思考未来夫妻关系的模式

为夫者，要悠然大气，满不在乎，任她去扔。这才是聪明
的做法。

担心不够，害怕失去

"对未来的事情感到不安。"

这是想要改变夫妻关系的人经常挂在嘴边的一句话。想改变，但又对改变感到不安。

我认为，负面情绪中，最根本的部分应该就是"不安"了。

不安，既会催生执念，又是烦恼的根源。还会生出嫉妒和留恋，让自己陷入自我厌恶。

不会感到不安的人，原本就是不存在的。但我们总是很难发觉，自己究竟是对什么感到不安。

虽说每个人的不安各有不同，然而，只要我们稍微明确一下不安的本质，还是会找出一些应对方法的。

首先，我们将不安分为两大类：

担心不够

害怕失去

担心不够，是任何人都会怀有的不安。为现有的金钱不足以支撑将来的生活而不安，为自己的能力不足而烦恼。

我曾见过，一位独自生活的老妇人，家里足足囤积了200卷卫生纸，让我大吃一惊。不知是不是受到了第一次石油危机时完全买不到卫生纸的经历的影响。

在狭窄的房间中，被小山一般的卫生纸包围着，度过每天的生活。如果你认为只要这样她就不会再担心卫生纸不够，那就大错特错了。相反，她还是会先入为主地觉得不安——会不会还是不够呢？于是，在每次促销的时候都会再买。

也就是说，因为不安而购入，因为不安而囤积的物品，往往会成为加剧不安、引发不安的象征，一直压迫着我们。

应该有一个合适的储存量，它是和消费量相平衡的。当我们毅然决然地把物品缩减到合适的量时，就会发现，自己靠这些物品就足以生活得很好了。

我们要过这样的生活：在必要的时候，以必要的量，添置必要的物品。

这也能促使我们找回对自己的信赖，相信自己可以在必要的时候得到必要的物品。

"害怕失去"则与"担心不够"正相反。然而，它们之间是"阴"与"阳"的关系，实际上我认为，它们是表里一体的。

当我们得到一件物品后，接下来，对失去的恐惧便会抬头。实际上，担心不够也好，害怕失去也罢，都是执念。

这些执念，往往是在时间轴从"现在"偏离到了"将来"的时候，才会萌生。

没有了丈夫，自己会生活不下去的不安。

没有了丈夫，自己也能生活下去的安心。

未来如何，我们不得而知。

足够也好，不够也罢，人都不得不和不安与害怕一起生活。

既然如此，养成这样的习惯不就可以了——不把焦点放在"过量"或者"不足"上面。

因此，我们要彻底地把焦点放在现在就在眼前的物、事、人上面。

这也是一种"断舍离"训练。

明明已经面目全非，却还坚持保持原状

世界上没有多少东西是一成不变的。

但我们往往坚定地认为，不能改变原本就在不断变化的东西。

在断舍离研修班担任过向导的千场弘子，曾和我聊起过这样一件事。

据说，她的朋友 C 小姐失恋了。

C 小姐马上就要 40 岁了，与她交往的那位男士也眼看就要 50 岁了。两人交往了大约两年，原以为快要结婚了，突然有一天，那位男士向她提出了分手。

分手的理由貌似七七八八地说了不少，但据说最重要

的理由是"我喜欢经常把手帕带在身上的女子"。

是不是大吃了一惊？

他连带着还说了：

"我不喜欢你的睡相""可能的话，我希望你不要再说'摔跤'①这种搞笑类的事情了""笑的时候，希望你能用手挡住嘴"等等。

总而言之，理由是"我喜欢更有女人味一些的人"。

可是已经交往两年了啊，C小姐肯定会想："唉，为什么到现在才说？"

弘子认为，从旁观者的角度，除了"这么吹毛求疵的男人，别理他了""分了更好"也没法说什么别的了。

虽然也会觉得"怕不是他喜欢上别人了，才拿这些有的没的来充当分手的理由"，但这话还是不要说出来

---

① 日本有由搞笑艺人组成的搞笑类摔跤团体。

为妙。

可是，伤心的 C 小姐说："明白了，我以后一定好好记得把手帕带在身上。"坚持不分手。

真有韧劲呢。

"可最后还是要分手。我还是不能死心啊。呜呜……嘤嘤……嘤嘤……"

平时，C 小姐也是个工作上雷厉风行的干练女子。但连"这次完了，我要去看心理医生了"这种话都说了出来。让弘子也不知道说什么好。

"我会把手帕带在身上，也会注意睡相，'摔跤'也一个人看偷着乐，笑的时候也会用手挡住嘴。可是，他的种种任性，我也忍受了不少啊。"

C 小姐想起这些，千言万语涌上心头。

"我理解，我都理解。那我就直说了。"弘子开口了。

"我知道你有很多话想说。可无论如何，有一件事肯定没错，那就是他变心了。他只是变心了。对变心了的人，是毫无办法的。"（这是弘子本人所述，当然，据说当时用的是比较委婉的语言。）

听了这话，就连 C 小姐也沉默了。

因为她想到，他们并没有结婚，不受法律保护的人际关系，原本就与善恶、义务没多大关系，是极其自由的。

无论婚姻关系是否受法律保护，人心本该是自由的。

可我们往往容易认为，恋爱结婚后，就一定要一直相爱下去。从"婚姻"这个咒语的束缚中逃离，并不是件简单的事情。

这回我们来讲一件弘子自己的往事。她在二十出头时，从一个仅仅交往 2 周就闪电般把她甩了的男孩口中，听到过这样一句话。

"你真烦啊，我变心了！"

15 年前，年轻男女争吵的声音，回荡在东京中目黑站的站台上。所谓年轻气盛，说的就是这个吧。

　　时至今日，我却认为，比起那些交往 2 年才说出"我喜欢经常把手帕带在身上的女子"这种让人目瞪口呆的话的人，那个说出"我变心了"这种直接到近乎可怕的理由后，瞬间从眼前消失的人，显得格外诚实。

　　当然，弘子会说："我再也不会见他了。"

　　顺便说一句，据说 C 小姐在将万千思绪一吐为快后，现在正在向着新恋情发起猛烈的冲锋。真是太好了。

　　"变心了。"

　　我们要把这句实在话压在心里直到什么时候？这要靠你自己来判断。当然，我并不是在劝你离婚。我只是觉得，成熟的大人，可以拥有一段成熟的夫妻关系。

一夫多妻与一妻多夫

被称作世界上最幸福的国度的不丹，我也曾到访过那里。

深受国民敬爱的前任国王，也就是第四代国王吉格梅·辛格·旺楚克有四位王妃，这四位王妃还是同父同母的亲姐妹。而且她们之间并没有第一王妃、第二王妃这样的排位。在不丹，这种一夫多妻的婚姻模式，居然不是王室仅有的特例，而是作为一项传统习俗被保留至今。

然而，年轻的现任国王——第五代国王吉格梅·凯萨尔·纳姆耶尔·旺楚克（顺便说一句，现任国王是第三位王妃的长子），是否会光明正大地沿袭这一传统的婚姻模式，还不得而知。因为他已经拥有了具有压倒性、高人气的美丽的佩玛王后。而且最重要的是，作为一个向世界开放了的王室，应该也不得不顾虑西欧各国的社会规范吧（国王夫妇曾于2011年访问日本，颇受关注）。

可怎么说呢？跳出婚姻制度的边框来看，现如今的日本，实际上"一夫多妻"也就是拥有多位妻子的大有人在。区别不过在于，做妻子的有没有"正妻"这个"正"的名分而已。也就是说法律是否承认，仅此而已。

话虽如此，对于不丹至今还保留着一妻多夫的制度，我着实吃惊不小。因为我的认识仅仅停留在作为"一夫多妻"的反义词，"一妻多夫"也是存在的，但从来不知道，现实中真的有人在这种习俗下生活。

在不丹东部塔希冈宗的首府塔希冈，我们在街上偶然遇到了前来采购的少数民族 Brokpa[①] 族家庭。他们是一群过着游牧民生活的人。我多少了解到了他们为何要采用一

---

① Brokpa，"牵着牛迁徙各地的人"，一说意为"高地人"。

妻多夫的模式，又是如何建立家庭的。

比如说，一位妻子有三位丈夫。大多数情况下，丈夫们还互为兄弟。

丈夫们有着各自的职责。

一位丈夫致力于放牧，为抚养家人而工作。

一位丈夫要到遥远的地方进行物物交换，换取生活所需的食粮。

一位丈夫常伴家人身边，做家务，看孩子。

而且，据说工作职责是要 3 个月一轮换的。

游牧民为了在广袤严酷的自然环境中生存，自然而然就产生了这样的婚姻模式。这是夫妻和家庭的必然状态。当然，孩子出生后，他们也不会追究孩子的父亲究竟是谁，而是把孩子当成全家的宝贝抚养长大。

如果引入了我们现代的"一夫一妻"制度，恐怕他们就无法再过游牧民的生活了。

据导游的翻译，这位 Brokpa 族的妻子回答说她"非常幸福"。但很遗憾，我们没能知道丈夫们的想法。

我们再回过头来看看日本的丈夫吧。实际上，不光妻子会对婚姻生活和夫妻关系唉声叹气，从丈夫那里，也能听到不少叹息。

早上，坐上满员电车，花2小时去上班（放牧?！）。

每个月，把领到的工资上交，当生活费（物物交换?！）。

在家还要做"奶爸"的差事（家务、育儿?！）。

没错，Brokpa 族 3 位丈夫要做的事情，日本的丈夫自己一个人全部承担了。这里我们姑且不论，能完美地完成这三项职责，既是好丈夫，又是好爸爸的"超级丈夫"究竟又有多少。

对这样的丈夫，我们是应该说句"你辛苦了"来慰劳慰劳他呢，还是应该断定"你一个男人，做这些是理所应当的"？

会采取哪种态度，恰恰是夫妻价值观的问题。更重要的，还在于夫妻间的情意，以及互相体谅的心意。这是毋庸置疑的。

我想再次确认的一件事是，**我们的婚姻生活和夫妻关系，起初是超脱于制度与法律范畴之外的。**

事实是，无论是谁，无论何时，无论在何地，都会依据自己的思考、志趣和爱好，对"与他人相结合"这件事，有着自己的诉求。毕竟，希望与同性结婚的人，也是存在的。

然而，在现代社会中，不知不觉间，我们不得不掩盖起这个事实生活着。

夫妻之间，难道只剩下感激吗？

每到年末，我都会思考这样一些事情。

平安夜已过，圣诞落幕，街上的装饰摇身一变，变成一幅迎新春的景象。

年末年初，这个时期明确地提醒我们注意高密度的人际关系。

在日本，提到圣诞节，话题只有一个，那就是，你要和谁一起，如何度过？

是和朋友、同事、恋人、家人，还是自己一个人过？

有时和恋人一起过成为潮流，有时又会呼吁人们回归家庭，随着时代的变化，圣诞节和谁一起度过，也经历了种种变迁。可不管怎样，一个人过都会让人觉得不太舒服。

这本身也会让我们不知不觉陷入一种"被抛弃感"。虽说圣诞节并不是日本的节日,可它已然成为一件"全民盛事"。如何过圣诞,就看大家各自的志趣和爱好了。

尽管如此,近来,据说独自一人过圣诞的人还是多了起来。

是吗?原来,能如此耐得住独居生活的人变多了啊。对此,我虽然很是佩服,但实际上,这些人貌似也都在网络中和某个人保持着联络,共度圣诞。

说到底,我们都还是怕寂寞的人,会时不时想要在"群体"中生活。

这样想来,不得不独自度过新年时,精神上会感到更加痛苦。无论从传统意义上讲,还是从风俗习惯上讲,我们对新年都有着强烈的憧憬和期盼,没有其他原因,就是因为我们强烈地认为,"家人"这个群体比什么都重要。

也就是说,与圣诞节不同,新年时,不用再为和谁一起,怎样度过而百般思量,夫妻一起过、与家人一起过,是理所当然的事情。谁也不会对这个常识产生什么怀疑。可正因如此，在这种常识下，那些没人与他们共度新年的人们，他们的孤独感，才会在无意间变得更加强烈。

单身者中，中年人变多了；因为分居和离婚而单身的人也变多了；独居老人也在加速增长。在这种情况下，如果还有特意鼓吹"夫妻间的羁绊"的势头存在，我不禁感到一丝忧心。

不，我并不是在批判人们对"夫妻间的羁绊"的赞扬。只是对把家庭关系放在人际关系顶端这种价值观有点疑问而已。

人，都是在与他人的交往中生存的。只有这样，我们才能活得下去，即便生活艰苦，也能支撑得住。但与此同时，在与他人交往中体会到的缺陷，也作为一个很大的问题，向我们压了过来。

实际上，有时候，"家人"这一人际关系也是给自己带来烦恼的一人问题。我认为，我们可以更坦率地面对这件事情。

不要给这件事情包裹上一层糯米纸，不要觉得"家人是值得感激的存在"，就把一切都一口咽下。只有认真地品味，细细地咀嚼过，才能尽享家庭关系的甘甜与苦涩。

也就是说，家人是一种集"依存"与"麻烦"于一身的关系。

因为是夫妇。

明明是夫妇。

夫妻之间，很容易用这短短两句带着期待的话，来轻易归结一切。

这样想来，新年是一个大好的机会，能让我们重新审视"对我来说，夫妻是什么"。对单身的人来说，也是如此。的确，你会因为没人与你共度新年而感到寂寞。但寂寞的另一端，你对"夫妻"这种带有强制性的"依存"和"麻烦"，也放了手。

夫妻沟通不畅

我们都在生存空间这个领域中活动着，当然就与交织在空间内的一切事物都扯得上关系。

居住空间里，有亲子关系、夫妻关系、儿媳与公婆的关系等人际关系

工作空间里，有与上司的关系、与部下的关系、与同事的关系等人际关系

眼前各式各样的人际关系，夹杂着控制，交织着利害关系，在这样的环境里，我一直致力于借助"断舍离"，努力将空间变得更具活力。

也就是说，我在帮助别人进行空间整理的实践中得到锻炼，不断提高和深化灵活沟通的技巧。整理杂乱无章的物品，与此同时，也整理由此延伸出来的混乱的人际关系。慢慢地让杂乱的居所得到重生，并重新捋顺隐藏在其背后的混乱的人际关系。

然而，人际关系并非由我整理和捋顺的，而是当事人有意地、自主地努力实践空间断舍离后，自然而然得到的成果。

可能也正因如此，我在积累了不少实践经验的同时，也坚信了以下几点：

空间，就是人际关系

居住空间的现状，就是家庭关系的现状

工作空间的混乱停滞，意味着工作中人际关系的混乱停滞

空间就是看得见的人际关系

空间变得有活力，意味着人际关系也变得有活力

居住空间焕然一新，意味着家庭关系也修复如初

当然，这些并不需要由我再来特意指出，许许多多的前人已经说得非常透彻了。既有古时传下来的教谕和智慧，现在也有许多有识之士持这种说法。

然而，遗憾的是，知识与智慧的差别，知识与行动的不一致，仍旧没什么起色。比如，下面这个例子。

这是我前不久刚刚遇到的案例。一位五十出头的主妇，渐渐地能从照顾孩子的事情中腾出手来了，于是，参加了某个民间的教育类讲座，开始学着当心理咨询师。

她参加讲座的动机，说单纯也单纯——她迫切地期望，能够与迎来倦怠期的丈夫和正值青春期的两个孩子进行顺畅的交流。另外，她也暗暗地期待着，如果能拿到资格证，有朝一日自己也能在社会上一展拳脚（成为真正的自己）。

这位主妇心中虽藏着这样的愿望，可她住处的样子，很遗憾，就算是奉承，我也说不出"整洁"这个词。地板上、

沙发上到处都堆着物品，让人根本不知道该坐在哪里好。她叹息道：

　　"丈夫总是深夜才回来，基本上就是回来睡个觉。偶尔休息一天，也几乎不怎么开口说话，而是漫无目的地出门去。孩子们也是，一吃完饭就立马回到二楼自己的房间里，然后就再也不出来了。"

　　她想知道，家人到底都在想些什么。知道他们想什么了，应该也就可以知道该如何与丈夫和孩子们接触了。所以，她才开始参加心理方面的讲座。

　　然而，她并未察觉，治愈自己孤独心灵的方法，其实并不在此。

　　彼此间话越来越少的家人之间，确实存在着许多价值观上的分歧。即便如此，创造一个能让一家人其乐融融聚在一起的空间，也是很有必要的。

　　每天都深夜才回家的丈夫，也一定是对自家住处的状态感到了绝望。自己曾经提出过要改善居住环境的提案，但无济于事。为了避免向妻子重复这样的要求，所以才在休息日漫无目的地出门。孩子们躲在二楼，也不过是想逃离让自己静不下心来的空间而已。不管丈夫还是孩子，都在无意中进行着防卫和抵抗。

我们来确认一下。

物品杂乱，物品过剩，都是因为自己没有和物品建立良好的关系。居住空间整理不好，正是自己和物品沟通不畅的结果。

和不会说话的物品，尚且不能建立良好的关系，又如何能和同时拥有意志、思想，甚至感情的人类好好交流呢？难度未免也太高了。

无论懂得多少心理学知识，新学了多少沟通技巧方面的知识，也不过是仅仅停留在脑海中而已。

倒不如将多余的物品断舍离掉，让起居室重新成为干净清爽的空间，这样一来，丈夫回家也早了，与孩子们一起在起居室度过的时间也变长了。我收到的这样的反馈，数不胜数。

想要重新建立与家人的交流，首先，要打造一个空间，让家人想回到那里，想在那里生活。

想在工作中磨炼和提高沟通技巧，首先，要留意办公桌上的东西，做到精挑细选。

大家要切记哟。

用"断舍离"创造时间的"间隔",
语言的"余地",交往的"距离"

留出"间隙"

缺乏"间隙"

制造"间隙"

无论什么样的人际关系,如果想让它维持在一个良好的状态,都需要意识到"间隙"。

这里的"间隙",说的是空间的"间隙"和时间的"间隙",可以理解为"距离和频率",或者理解为"空间密度和时间密度"。

我们所拥有的人际关系中,彼此间距离过远或过近,接触的频率过高或过低，都会引发问题。

距离过近，会感到腻烦，距离过远，又会觉得寂寞。接触的频率太高，会觉得烦人，接触的频率太低，又会感到自己被抛弃了。

实际上，空间密度和时间密度，会对与人际关系有关的情绪产生相当大的影响。

如此一来，也就不难想象，在空间密度和时间密度都极高的环境中，我们会产生怎样的压力。狭窄的房间里，婴儿总是在深夜频繁地啼哭，就算不是年轻的新手妈妈，恐怕也会向可爱的宝宝投降认输吧。小小的起居室内，总能见到丈夫懒洋洋地躺在那里，就算知道他是因为工作累了才那样，妻子也会觉得腻烦吧。

另一方面，我们也应该知道，在空间密度和时间密度都极低的状况下，又会发生怎样的事情。无人理会的独居老人，囤积物品，将一栋房子完全变成垃圾屋，或者在孤独的尽头选择自杀，都与此有着很大的关系。

话说，我之所以举了这么悲惨的例子，是有理由的。因为我们往往是在没怎么意识到空间密度和时间密度高低的情况下，甚至是在完全无视它们的状态下，试图去改善人际关系的。

比如，去学习如何措辞、如何搭话等沟通技巧，抑或是去学习什么"男性成分、女性成分[1]"的统合平衡技巧，五花八门。

然而，不管什么样的方法和技巧，也要先正确地认识空间密度和时间密度的现状，这样，方法和技巧才能在当时的情况下发挥效力。如果没能把握空间密度和时间密度的现状，很遗憾，别说发挥效力了，甚至还会适得其反。

其实，我曾接到过一对担任研修班讲师的夫妇的咨询，研修班讲的内容是"合作关系"。最初，妻子是因为不善整理而烦恼，才来咨询的。没花多长时间，我就得出了清

---

[1] 男性成分、女性成分是指，抛开身体上的性别不谈，人在心理和精神上的男性特征和女性特征。

晰的判断——这其中也夹杂着夫妻关系的问题。

这是肯定的啊，毕竟他们处于"在家时在一起，工作时也在一起"这种接触频率很高的工作模式下。当然，在众多听众面前，他们不得不总是以一副和谐美满的模范夫妻的姿态示人。

因此而倍感压力的妻子，奔向了"网购"的怀抱。房间整理不好，也是"网购"的后果。丈夫面对无处下脚的住处，一筹莫展，于是便埋头准备下一次的"合作关系"讲座，想要得过且过。这便是夫妻二人的现状。

在文章开头，我曾说过，要想让人际关系维持在一个良好的状态，需要意识到"间隙"。然而，这并不像嘴上说的那么简单。况且，我只能说，要在一瞬间内拉开适合当时情况的"间隙"，需要的是"感性"。也就是说，这是方法和技巧所无法企及的世界。

"断舍离"就是先从"打造环境"做起，在居住空间内找回"间隙"。

找回空间与物品间的"间隙",这里的空间,就是夫妻二人所居住的家。

物品塞得太满,就会缺乏"间隙"。

试着减少物品,把"间隙"留出来,怎么样?

筛选物品,制造"间隙"之后,又会是怎样的心情呢?

断舍离,就是制造空间与物品间的"间隙"。日积月累,这种"间隙"就会演变成时间上的"间隔",语言中的"余地",交往中的"距离",就会让人际关系在当时的情况下,拥有最恰当的"间隙"。

如果妻子意识到断舍离——夫妻和谐的秘诀

我经常听说，妻子突然开始扔家里的东西时，丈夫会感到很困惑。

在这里，我想向妻子是"断舍离践行者"的丈夫提个建议。

妻子意识到了断舍离，丈夫该怎么办？

为夫者，要悠然大气，满不在乎，任她去扔。这才是聪明的做法。

因为，对妻子来说，没有比丈夫不让自己自由地扔掉自己想扔的东西更让人觉得受不了和火大的事情了。

"什么，连这个你也要扔?！"

"怎么，你要扔这么多吗?！"

不要一不小心就说出这样的话。

你这些发言只是单纯表示惊讶，并无他意，可妻子不会只按字面意思理解。作为丈夫，你的口碑会急剧下降。

（我丈夫多小气啊，连这种无所谓的东西都说要留着呢。）

（我丈夫可真是个吝啬鬼，明明不是什么了不得的东西，还说要留着。）

（我丈夫真是太不体谅人了，亏我还这么努力想让家里变得清爽些呢!）

相反，你若对妻子的断舍离大加称赞，作为丈夫，你得到的评价也会大幅地提高。妻子会这样说：

"我丈夫可大气得很，而且还特别体谅人呢!"

另外，你还需要记住一件事——

丈夫最让妻子讨厌的行为就是，在妻子好不容易才腾

出来的空地，放上自己的物品。

妻子也在拼命地努力。

"堆满了没用的物品的橱架，经历了断舍离，好不容易变清爽了，丈夫马上就又把他的东西塞进去了"。

妻子诉说的不满，我不知道听了多少。

丈夫最糟糕的行为还有，将妻子已经扔掉的东西从垃圾袋里拣出来，重新放回原处。

丈夫做出这样的事，妻子会气到发抖，满心愤懑，甚至会变得绝望。

有些践行断舍离的妻子还曾向我坦白过："有一瞬间，我甚至起了杀意。"

哎呀，就算只有一瞬间，如果妻子总是这样想，也怪可怕的。

没用的物品、多余的物品被逐渐清理出去，住所渐渐变得漂亮起来，这样的好事，丈夫只需要单纯地感到高兴就可以了。

践行断舍离的妻子 vs 囤积物品的丈夫

这样的组合，是最容易起争端的。

如果你是"囤积物品的丈夫"，那么你最好记住，不仅妻子会对你感到绝望，你在职场上的评价也会受到影响。

不要用你的口碑，去交换一件没用的物品。

◎我们要过这样的生活：在必要的时候，以必要的量，添置必要的物品。这也能促使我们找回对自己的信赖，相信自己可以在必要的时候得到必要的物品。

◎我们要彻底地把焦点放在现在就在眼前的物、事、人上面。

◎物品杂乱，物品过剩，都是因为自己没有和物品建立良好的关系。

◎想要重新建立与家人的交流，首先，要打造一个空间，让家人想回到那里，想在那里生活。

◎人际关系中，彼此距离过远或过近，接触的频率过高或过低，都会引发问题。

◎断舍离，就是制造"间隙"。日积月累，

这种"间隙"就会演变成时间上的"间隔",语言中的"余地",交往中的"距离",就会让人际关系拥有最恰当的"间隙"。

第 5 章

从现在开始，
构建最舒适的夫妻关系

把父母的价值观断舍离掉，从父母的价值观中"毕业"，用自己的价值观来生活。

年过花甲之后，我和丈夫间的距离

我和丈夫一起去年少时就常去的居酒屋时，面前有薄切天然比目鱼、厚烧鸡蛋卷等等。

再加上当地的精酿酒。

不久前我才吃了点心，可吃得饱饱的感觉究竟去哪里了？

没错，人类虽是靠视觉和脑力进食的物种，可身体到底还是哺乳类的啊。

这样下去，身体自然会营养过剩，所以，进食也需要有意识地控制，也就是说需要"断舍离"。

说起来，我和面前正在美美地喝着温酒的丈夫，已经结婚 40 多年了。

当我还是年少时那个温顺的妻子时（当然现在也相当程度上保留了当年的风貌——我是这样认为的），经常问丈夫这样的问题：

"喂，小淳（丈夫），我想要这个，怎么办？"

"买不就得了！"

还有：

"喂，小淳，这个已经没用了，怎么办？"

"扔了不就得了！"

想要什么就添置，没用了就扔掉。我总是能得到简单轻松的答案。

如果，丈夫是那种会说"别买没用的东西""没用了也先留着"的"不能浪费派"，我想，这段婚姻大概也维持不了 40 多年。

我肯定忍受不了，就算我能忍得下去，夫妻间也会有各种各样的分歧。

唉，如果没我这样的妻子，或许我们能多攒些钱。

今后，我也想和丈夫继续和谐美满地生活下去。然而，我们的夫妻模式发生了很大的变化。

因为工作的关系，我在东京度过的时间变长，回石川县的家的次数变得少了起来（现在，我和丈夫的家在冲绳）。向别人说起我的情况时，有人就会问："那你丈夫怎么办，他吃饭怎么解决？"

虽说，有的价值观也许认为，饭就应该由妻子来做，但我的丈夫小淳勤于烹饪，是那种自己的饭自己做的男性。

不仅如此，我回家时，他甚至连我的饭都会做。还会问我说："喂，英子，今天想吃什么？"

我非常庆幸。

平时我不在家时，他就像是"山下居酒屋"开张了一样，亲自下厨做饭，和来家里玩的朋友吃吃喝喝。

是的，对我来说，我丈夫小淳也是一名奇男子。

但是他不太擅长整理和打扫。打扫有时会"外包"，拜托别人来做。

既然如此，那么我回到家要做的事情，就是这个了——

在厨房这个属于丈夫的地盘，进行断舍离！

不出所料，冰箱里果然有几瓶已经过期的调味料。不过和我的客户比起来，这种程度可以说算是轻的，应该只是不小心忘记了。没有"上个世纪的遗物（异物？）"之类的"猛料"。

将没用的东西装满一垃圾袋，然后迅速扔掉的妻子就是——山下英子！

冲洗盛调味料的瓶子，挥起我超级好用的夹子（可以轻松地把嵌在瓶口的盖子取下来），把瓶里的东西倒出来，洗净，回收。

对了，瓶内的液体（特别是油一类的）可以倒在抹布上，当普通垃圾处理。尽量不要直接倒进洗碗池内冲走。

话说，这类资源性垃圾①究竟要如何再利用呢？

---

① 资源性垃圾，日本垃圾分类中的一种，包含纸类、衣物布匹类、金属空罐类、玻璃类等。

　　好了，现在让我们进行下一项工作吧。擦拭冰箱内部，把洗碗池也擦得锃亮。这可是非常困难的。因为污迹都牢牢地粘在上面。

　　做完这些，居然花了一上午，整整3小时的时间。那么，在干净清爽的厨房里，今天要做些什么吃呢？我与丈夫并不是每天都见面，也没规定由谁来做饭，但都能吃上美味的饭。我们的关系，变成了这样。

每个人，都在带着父母的价值观生活

每个人，都在带着父母的价值观生活。因为我们从很小的时候起，就开始在无意间接受他们的价值观。

比如说，孩子为了满足母亲的期待，会想要"当个乖孩子"考个好分数。因为他们想得到认可，这是一种出于本能的需求。任何人，都想要得到他人的认可。

"想得到上司的认可、想得到喜欢的人的认可"，有这种需求，是很自然的。专职主妇突然说"我想工作"，也是因为想得到社会的认可。就算没有金钱方面的困扰，可一旦和社会脱节，还是会让人感到不安，这是不难理解的。

只要在生活上没有什么不自由，那么人对于认可的需求，就会远远高于对生存的需求。长大成人后，我们能接触到形形色色的人，某种程度上，是可以选择自己认可的人的。

可孩子不一样。

对孩子来说，"父母"是一种绝对的权威。特别是在很小的时候，没有父母，孩子根本活不下去。

可以说，"被认可的需求，也是为了满足生存的需求"。因此，想要满足父母的期待，也是理所当然的。

比如说，学钢琴的孩子，即使内心真正的想法是"我已经不想去钢琴班了"，还是会本能地觉得"要是不练钢琴了，妈妈会难过吧，会失望吧"。所以很多情况下，他们自己绝不会说出，也不能说出"我不想练了"。

孩子在悄悄地观察着父母。想着怎样做才会被父母夸奖，如何才能不辜负父母的期待。于是，不知不觉间，父母的价值观就转移到了自己身上。

另外，也许孩子本身并没有察觉，但他们反抗父母，成为不良少年，或者成为暴走族的一员，也都是为了得到父母的认可。在潜意识中，他们想通过完全叛逆的行为，来"让父母担心"。因为无法成为父母所期待的"成绩优异的孩子""擅长运动的孩子"，才干脆做出完全叛逆的行为，试图引起父母的关注。

生病时也是同样的道理。生病了，妈妈会担心我们。当我们感到，在生病时，平时很严厉的父母会很温柔地对待我们后，我们就想要反复地生病，以此来引起父母的关注。

像这样，为了得到父母的认可，孩子们在无意中做出的努力简直催人泪下。等回过神来，孩子们并不是在以自己的价值观生活，而是在以父母的价值观生活。即使在自己长大成人后，父母的价值观也无法轻易改变。有许多人，就算五六十岁了，也依旧被束缚在父母的价值观中。对此，我感到吃惊不已。

"改变夫妻关系，就是失了做妻子的本分。"

　　如果你有这样的价值观，恐怕是从为丈夫奉献一生的妈妈那里继承过来的吧。可是，你并没有必要继承妈妈的忍耐。

　　脱离父母的价值观，用自己的价值观来生活。

　　因此，我们需要认识到，自己是如何在父母的价值观下生活过来的。只要认识到这点，无论何时，无论怎样，我们都能进行调整，回到"正轨"上来。

　　可以丝毫不感到别扭地接受父母的价值观，自己的存在也能得到认可，这样成长起来的孩子，是非常幸福的。这样的人，是能够过属于自己的人生的。

　　然而，即使你不是那样的人，也没关系。你也可以从现在开始拥有属于自己的人生。不过是时间早晚的区别而已。

　　把父母的价值观断舍离掉，从父母的价值观中"毕业"，用自己的价值观来生活。

　　这是能站在"自我轴"上的大前提。如果可以以此为契机，让你开始用自己的价值观生活，就再好不过了。

50 年来，我一直以他人为中心地活着

我自己也很长时间没能脱离母亲的价值观的束缚。

从小，我就没自信（缺乏自我肯定感），被父亲、母亲和大我 5 岁的姐姐所包围，他们每个人的个性都很强烈，我找不到自己的归宿。

我生在东京，长在一个四口之家，有父母和姐姐。父亲虽然很爱我们，但脾气急，动不动就大喊大叫。母亲和父亲的争吵从没断过，总是满腹牢骚。姐姐为了母亲，也开始和父亲对着干。

于家人而言，无论何时，我都是那个"干什么什么不行的小英子"。父亲、母亲和姐姐渐次展开的激烈战争中，只有我没有发言权，只能唯母亲和姐姐之命是从。我不知

道该如何自处。

姐姐是那种"干什么什么都行"的人。长得漂亮，性格开朗，成绩优异，也十分受男性欢迎。身边总是围着"足君（开车送姐姐回家的人）"和"饭君（请姐姐吃饭的人）"。她简直就和女王一样。我曾偷偷管她叫"伊梅尔达·马科斯夫人（被称为女王的菲律宾前第一夫人）"。

对这样的姐姐来说，我是个不省心的妹妹。她辅导我功课时，总是生气地训我说"你连这么简单的事情都不明白吗"，我也没法跟她吵架。直到40岁以后，我才第一次能对姐姐说"不"。

虽说有些迟，但在高中时，多亏了一位学习很好的朋友的指导，我找到了学习的窍门，得以考入了早稻田大学。然而，在大学里，我依旧找不到自己的归宿，依旧没有自我肯定感。于是，我开始闭门不出。可终日在家无所事事也不是办法，为了让身体动起来，我开始去一家瑜伽道场。而我去瑜伽道场的契机，是因为姐姐有一本有关瑜伽的书。契机仍旧是我姐姐。

我居然把练瑜伽长期坚持下来了，这在我身上可不常见。不过，我没有马上就对"断舍离"有所醒悟。当时的我，有些力不从心，无意中就把"断舍离"给封印了。我真正开始断舍离，是 10 年之后的事情了。

大学毕业后，我与表兄结婚，去了石川县的一座小城。或许也带着一种寻找自己一直没能拥有的归宿的心情吧。实际上，归宿从一开始就不是靠"寻找"才有的，而要靠自己来"创造"。我认识到这一点，是更久之后的事情了。

在石川县，公公是家长，是绝对的权威。他自己什么也不做，动不动就使唤婆婆。说起来，我婆婆是个"将以他人为中心进行到底"的人。把"别人怎么看（不想让别人觉得自己不好）"当作判断和行动的基准。再加上公婆本就是善良的人，所以会出于好心地多管闲事。

但是，想自己做决定的我，感到了沉重的负担。

压力不断累积，36 岁那年，我得了白细胞减少的病，脱发，消瘦。我已经到了极限。我觉得，这样下去，我会死掉，于是就对公公坦诚地说出了我的想法，终止了与他们同在一个屋檐下的生活。听说，公公发过"从东京来的媳妇把山下家给搞砸了"的牢骚。但丈夫和亲戚们站在了我这一边，拯救了我。

重要的是，自己想要怎样做，拥有"自我轴"。如果一味以他人为中心，以他人的想法作为行动和判断的基准，就会失去自我。当然，顾虑他人，体谅他人，也是十分重要的。可怕的是"不知不觉间以他人为中心"，为了"想要得到他人的好评，不想让别人觉得自己不好"，无意间就违背了自己的意志，让"不需要、不合适、不愉快"越积越多。压抑自己的心情，一直扮演"老好人"的角色，总有一天，会精疲力竭的。

想来，我的价值观与母亲并不一样，可我受母亲价值观的束缚，也一直以他人为中心，对自己没有自信，找不到自己的归宿。就像我之前说的，为了脱离这种状况，我花了整整 50 年。

　　我想起大学时在瑜伽道场学到的"断行·舍行·离行"，是在决定脱离那种状况前不久的时候。在充满压力的生活中，我从整理衣柜做起，开始反复探索。

　　我曾听人说过，人到五十，脱胎换骨。于是，得以从与父母的价值观的纠缠中解脱，迎来以自己的价值观生活下去的时期。

　　这样想来，我现在才大约 10 岁。现在就整理生平，未免也太过年幼了。

想真正解决问题的人，不要做这三件事

想要变得幸福，只需这样想：

要想幸福，活在"自我轴"上就行了。

就这么简单。可就这么简单的事情，有些人自己阻止自己这样做。尽管事态已经非常严重了，可一听到好听的话，心就会不由自主地动摇，这也是没有办法的事情。

我这里就像"避难所"一样，依旧有许多带有严重"整理问题"的人汹涌而至，找我咨询。也时常遇到一些什么问题也不去解决，只是来寻求一些鼓励，聊作安慰的情况。

若想真正地解决问题，在到达"出口"之前，一定会经历一段比现在还要混乱的时期，这是再自然不过的事情，

也必须做好这样的心理准备。然而，大多数人的想法是想尽可能地避免这种"暂时性的恶化"，甚至想完全跳过这一时期。

因此，作为提供咨询的一方，我越是起劲，找我咨询的人就越想逃避，让我扑个空。有时，我甚至不得不怀疑，他们到底想不想解决问题呢？如果是我看走了眼，大概是因为我的修行还不够，把工作想得太简单了。

要说我为什么写这些，就是因为我收到的咨询里，家中"一片狼藉"的情况，往往都伴随着由此衍生出来的夫妻关系问题。这一点我自己也要注意。

也就是说，如果没能和物品维持良好的关系，那么居住空间中，就会有夫妻关系不佳的问题存在。如果忽略了这个事实，就算从表面上看，家中已经整理妥当了，实际上，夫妻之间依旧波涛暗涌，彼此对对方的不满仍旧如淤泥般沉积在那里。

断舍离是从与物品面对面开始的，可最终一定也会与同一屋檐下的家人，也就是他人、丈夫（或妻子）面对面。

然而，因为害怕面对而一味左躲右闪，自己给自己画了一幅自画像，将自己归结为"我果然是那种不会整理的女人"，也是很常见的情况。而且，当她说出这句台词时，下面这个词，往往也会随之出场：

ADHD（注意力缺陷多动障碍）。

病，可真是个方便的东西。不对，不是"病"，应该说是"病名"。"病名"是种非常有效的工具。我们一旦抓住一个"病名"，就可以一直打着它的"旗号"生活下去。

甚至有人说"我一定是得了ADHD吧"，来寻求我的赞同。好像得了病，就可以不用改变家中的现状了一样。

事实是，我们的确没少被灌输"不会整理的女性 = ADHD"这种公式。然而，就连专家都很难下诊断的障碍症，我连医生都不是，自然不能轻易地认同。

再说了，就算真的得了病，可不管身体健康也好，抱病在身也罢，都应该在一个像样的居所里生活。

可是，许多居所，东西"飞扬跋扈"，多到让人不敢相信这是人住的地方，情况十分严重。实际上，前几日我拜访的一户人家，每个房间里，墙边都堆着东西，就像"堡垒"一样。走廊里堆着的东西，让走廊窄到连走过去都困难。一进门，玄关甚至连个下脚的地方都没有。将我迎进门后，女主人一边流泪，一边哭诉说，她完全不知如何是好。

幸好，这家的丈夫并没责备过"不会整理的妻子"，夫妻关系很温馨。可正因如此，妻子反而觉得更加抱歉，自己责备起自己来。责备别人虽不值得称道，可责备自己也是一桩麻烦事。责备，并不能解决问题。

想要真正解决问题的话：

不要一味去寻求一种安慰式的赞同。

找寻自己得了什么病，紧紧抓住"病名"不放，是无济于事的。

要知道，去责备谁，包括责备自己，是没有任何好处的。

以上心得，不仅仅适用于"整理问题"。

最后，我还要啰唆一句，我深切地觉得——

结婚有时是幸福的。

可幸福的婚姻生活很少。

因为我十分清楚，生活在那样的居住空间里，压力会有多么大。

最坏的发展

你是否也曾找朋友商量过你和丈夫的关系问题?

或者和极其有限的几位好友及父母说过类似"我在想要不要离婚""我丈夫的语言暴力太过分了""他欠着债""我总觉得他出轨了"这样的话?

在专业顾问看来,这似乎并不是一种很好的方式。

你周围的人也许会很认真地听你倾诉,并从他个人的角度,拼命地给你提建议,可能还会从物质和精神上支援你。但是,从解决问题的角度来看,有时,这些行为,完全是在做"无用功"。

附和你说的话,说着"对啊""就是啊",同意你的观点,煽风点火,更加深化了你"我丈夫这个人完全不行"

的认识，这样的朋友，稍微有点麻烦。

因为实际上，很多情况下，有问题的，是你本人。

更过分的是，电视和杂志上，艺人们自以为是地讲着"驭夫术"，拿临阵磨枪学来的知识给你提建议。不去纵观问题的全局，只是毫无原则地同意你的说法，把一些毫无用处、毫无根据、临时想到的话当作建议说给你听。如果这样能解决问题，那才真叫奇迹呢。

另外，和父母说这么严肃的话题，会适得其反。父母都是自己人，知道你受了苦，便很难再理性地把话听下去了。他们会立刻说出"离婚吧"这种极端的话，让事情变得更加不好收场。

或者，他们根本不体谅你的苦恼，从而做出"离婚简直太不像话了"的消极评价，于是，你就要承受来自丈夫和父母的双重压力，痛苦不堪。

你周围的人认真地听你倾诉，那种态度或许会让你感觉得到了治愈。但也不过就是听外行人说一些他们临时想到的话，或者现学现卖的知识而已。更糟糕的是，你也好，你周围的人也罢，都会感情用事。这样一来，不但解决不了问题，还会让问题变得更加严重。

如果聊的是离婚和家庭暴力这种话题，对方会听得更认真一点，还好一些。因为别管是临时起意也好，感情用事也好，现学现卖也好，只要是认真地提出的建议，就有认真地探讨的余地。再者说，你自己也会认真地考虑，所以伤害不会太大。

然而，一说起"我真搞不懂我丈夫"这种可以划归为"抱怨"一类的话，接下来的发展可就不太乐观了。也许你遇到的本来不是什么大问题，可被周围的人"就是的""简直不可原谅"这么一说，就变成了"严重的事情"。

也就是说，周围的朋友认同了你的抱怨。你心里那些"我丈夫这个人不行""我丈夫很迟钝""我丈夫不理解我"的信念得到了强化。你的不满变得越来越有根有据，你不再有疑虑，进一步地掌握了继续诉说不满的"权利"。

这会带来怎样的灾难呢？

斯坦福大学心理健康学者凯利·麦格尼格尔博士说，若一个人一直坚持某种特定的想法，那种想法就会成为那个人的人格。这也就是说，**你不仅会把诉说不平和不满当作自己理所当然的权利，你的脑部构造也会变得容易产生不平和不满。**

结果就会变成"抱怨又生抱怨，不满又生不满"的恶性循环，等你反应过来时，你可能已经陷入这种悲剧性的展开里——时光流过，剩下的人生，已经能看见尽头。

遇到问题时，以"他们就在身边""跟他们说话比较方便"这样的理由，就去找朋友和父母倾诉自己的烦恼，这样是有很大的风险的。

一直坚持一种想法，你会变得容易被这种想法所支配，最终，想法就有可能变成现实。

曾经，我和一直以来从癌症和抑郁症入手研究家庭问题的川畑伸子，以及作为专业的离婚、再婚顾问，见识过不少案例的冈野厚子三个人一起，举办过"夫妻断舍离"

的研修班。

研修班的目的在于，对"夫妻间一定要这样""做妻子的，就该这样做"的断言提出质疑。

夫妻这副关系框架，真的在你的人生中起到作用了吗？

有没有让本该更加顺畅的关系变得狭隘？

有没有因为与丈夫的交流不够，而让你的人生被不平、不满、抱怨所埋葬？

又或者，即使在旁观者看来，你面临着"应该马上离婚"的状况，但你因为"父母会伤心""不能从孩子身边夺走父亲""担心经济问题""抛弃丈夫的罪恶感"这些理由，对自己加以限制呢？

断舍离，就是对关系进行重新审视。

断舍离，就是改变你与物品间的关系。

　　随着时间的流逝，夫妻关系也会从卿卿我我发展成更为成熟的关系，有时还会发展成不受制度束缚的关系，这是自然而然的事情。面对实际情况的变化，如果你给自己的心"踩下了刹车"，让自己的人生变得不再自由，那么不妨深入地思考一下那些问题，想想看，松开刹车，又会发生什么事呢？

想我所想，感我所感，
重新找回"自我轴"

我们购买物品时，是以什么标准来选择的呢？

比如，买书的时候，我们会自己到书店，自己读读书的内容，判断自己是否需要。

然而，也有一些时候，我们不是靠自己的感受来判断，而是去参考他人的意见。

我们做不到在不想读书的时候，读不想读的书——不过是偶然买了而已。这和吃东西是一个道理。没错，就像在餐厅点了菜，但上菜时发现菜并不合心意。

我们没必要因为"书还没有读"而感到内疚，也没必要把它们堆在那里任其落满灰尘，挤得自己连个睡觉的地方都没有。

时机正好时，我们会转眼间就读完一本书，还觉得满心欢喜。就像身体能感知食物对此时此刻的自己来说是否美味一样，大脑也知道，此时此刻自己是否需要这本书。

面对买了不读的书，内疚是没用的。

况且，因为内疚，就以"也许有一天我会读的"为借口，去浪费时间、空间和精力，才是最可惜的。

干脆利落地放手，把它们都替换成最适合现在的自己的书。这样一来，我们既能拥有悠然读书的空间，也能体会读书时的怡然自得。

话说，我们添置物品时，为什么往往会无意识地、不自觉地"以他人为中心"呢？

因为物品量和信息量都过于庞大了。

原因就是，种类繁多的商品被大量供应。

比如，进了居酒屋，看菜单时，如果菜的样数太多，我们就会不知道选哪个好。最后，往往就点了"今日推荐"。

若是二者选其一，我们尚能做出选择。但若是从大量的物品中选出一件，则绝不是那么简单的事情。

有时，考虑得越多，调查得越细，得到的信息越多，反而越迷茫，越不知所措。

这种时候，**最好不要用左脑进行理性思考，而是开动右脑，以自己的内心是否想要这件物品作为标准来衡量。**这时，倾听自己内心的声音，变得极为重要。

然而，责任也只能是自己来负。

在某些情况和环境下，自己所想，自己所感，是无法得到彻底贯彻的。

在夫妻关系中，有时，一方意见过于强势，另一方便什么也不能说。在公司，有时，上司的意见过于强势，下属便很难说出自己的意见。

另外，这种情况也不仅仅体现在人际关系中，说真话、表达与众不同的意见就会遭到抨击，有时也是一种社会趋势。所谓"枪打出头鸟"嘛。

但是，他人和社会，不会给你善后，也不会对你负责。到头来，承担责任的，还是你自己。不听取不负责任的人的意见，而是自己来做决定，自己对决定负责，这样做，才更加酣畅。

瑜伽老师曾这样对我说过：

"不轻信，不怀疑，要去亲自确认。"

大家有没有觉得，这句话中包含着满满的平衡感，说得非常精彩？

我是这样理解这句话的：

相信他人，负责任的，是相信他人的自己。

怀疑他人，负责任的，是怀疑他人的自己。

相信也好，怀疑也罢。

最终导致的结果，都要自己来负责承担、负责接受、负责善后。

这便是所谓的"亲自确认"。

如果能够真正地实践这一点，人生会变得多么酣畅淋漓。

酣畅淋漓地生活——这便是"断舍离"所追求的生活方式。

搬到那霸^①的第 10 天，我所意识到的事

我搬到了那霸，丈夫小淳和 Sandy 小姐（小狗）也一起搬来了。我开始了以石川、东京和冲绳三处为据点的生活。

一到那霸，我便立即来到书店，想买几本有关冲绳的书。

我并不是想买观光手册，而是要买几本讲冲绳的风俗和驱邪术的书。

既然来到这里生活，就不能不学学冲绳的事情。

---

① 日本冲绳县首府。位于冲绳本岛的南部，是冲绳的政治、经济和交通中心。

丈夫和我，当然还有小狗，都没有想过自己居然会搬到冲绳，来到那霸生活。

人生，真是不可预测。

人在冲绳，真是不可思议。

冲绳很暖和，不需要穿外套，在室内，穿一件衬衫就够了。

对了，这是在冲绳啊。我想。

出租车司机师傅随意地和我们搭着话，但我说了什么，他完全没在听。人们很亲切，并且东西很便宜，到外面走走，就能真切地感受冲绳。

餐厅和居酒屋，往往会把大碗的量当成中碗卖，我一般都吃不完。

便宜，但上菜很慢。对了，这是在冲绳。

以上是我搬到那霸3天后的感想。

不管遇到什么有趣的事情，困惑的事情，高兴的事情，奇怪的事情，我都会想，对了，这是在冲绳，不是在东京。

之后，一切便都安定下来了。搬家，可不就是这么一回事吗?

　　然后，在搬到那霸的第 10 天，我意识到了一些非常重要的事情。

　　不能把人生复杂化

　　不能把人生变成烦恼的仓库

　　不能让人生变得太难

这个时节，那霸的最高气温超过了 20 摄氏度。

人生的幸福，就在这份温暖里。

　　不冷

　　很暖和

人，只要身在温暖的气候里，就会感到十分幸福呢。

于是，自然会想要品尝美食，想要和喜欢的人在一起。

没错，我们总是想要这样，想要那样，欲壑难填。

然后便会觉得，自己这也没有，那也没有，总也不满足。

进而还会觉得，别人这也不为我做，那也不为我做，不满就会越积越多。

可话又说回来，只要严寒中得以温暖度日，酷暑中得以凉爽度日，我们就会觉得非常幸福。

有时，别人会对我说，"因为你是山下英子，所以才能做到""因为你丈夫很能干啊"。

"因为你是山下英子"这句话背后，**如果隐藏着"她和我不一样""我做不到"这种意识，我希望你能察觉，你也许正在让自己的幸福溜走。**

或许确实是因为是我，所以才能做到。但这并不意味着，因为是你，所以做不到。

和高觉悟的"演员"一起，
共同开启新的舞台！

近来，我比以往更加专注地致力于断舍离了。

我这样一写，肯定会收到这样的反馈：

"山下女士哪里还有什么需要扔掉的东西。"

"原来山下女士也还有要扔掉的东西啊。"

唉，每次我听到这样的反馈，都会觉得，大家仍旧认为断舍离就是"扔东西"啊。

断舍离，是打造空间。

这里的空间，是一个"舞台"。

也就是说，我们每天生活着的居所，既是"生活的舞台"，也是"人生的舞台"。

那么，创造舞台，把演出进行下去，有哪些东西是必不可少的呢？

大道具

小道具

出场人物

是的，现在，我们正在努力创造一个和以往不同的舞台。

新的舞台（居住空间），节目单变了，自然就需要适应新舞台的大道具、小道具。

剧本不一样了，以前的大道具和小道具也基本没什么用了。所以，可以孜孜不倦地进行断舍离。

大道具，比如说幕布，干脆做一幅新的，画也换成新的。

小道具，比如说碗，要摆上餐桌的碗也换个风格，服装也换成新的。

然而，在全新的舞台上，我全新的人生剧本，并没有完全写好。

就像晨间连续剧一样，每天都在更新。

播出半年的连续剧结束后，换个剧情设定，新的连续剧又开始了。这样说的话，理解起来应该会比较容易吧。

那么，关键的出场人物是谁呢？

这又不是独角戏，肯定会有出场人物的。

但是，这份演职人员表可真是非同一般。

似乎的确有些超出自己的能力范围。

编剧：自己

监制：自己

导演：自己

舞美：自己

服装：自己

主演：自己

尽管如此，其他的配角却不能由自己来决定。多么不可思议。

但是，我仍旧觉得，一定会有一些演员出现，他们刚好适合我们所创造的舞台，来和我们一起演出。

出乎我们的意料，这些演员来到我们的舞台，为舞台增添了超乎想象的色彩。

实际上，这些演员是被你的舞台吸引过来的。

所以，如果想让优秀的人走进你的人生，首先，你要创造一个出色的舞台，也就是说，打造一个出色的居住空间。

强大的意识能量，会吸引来高觉悟的人。

好了，现在的你也不要懈怠，哪怕断舍离掉一件多余的物品，也是在为给你的舞台带来超乎期待的人做准备。

那么，祝你在酣畅而又愉悦的人生里，心情愉快。

◎把父母的价值观断舍离掉，从父母的价值观中"毕业"，用自己的价值观来生活。

◎重要的是，自己想要怎样做，拥有"自我轴"。

◎想要解决问题的话，不要去寻求一种安慰式的赞同。去责备谁，包括责备自己，是没有任何好处的。

◎如果你一直诉说不平和不满，你的脑部构造也会变得容易产生不平和不满。

◎面对实际情况的变化，不要过猛地给自己的心"踩下刹车"。

◎最好不要用左脑进行理性思考，而是开动右脑，以自己的内心是否想要这件物品作为标准来衡量。

◎不听取不负责任的人的意见，而是自己来做决定，自己对决定负责。

◎如果心中隐藏着"她和我不一样""我做不到"这种意识，我希望你能察觉，你也许正在让自己的幸福溜走。

什么是断舍离？

让我们来断舍离吧！

断舍离万岁！

后记 快乐与不快

自立的人，依赖别人的人。

自由的生活，不自由的生活。

自在的人生，闭塞的人生。

我们是依据什么来谈论"自立、自由、自在"的呢？这理解起来有点困难。实际上，世间既有让人觉得他看上去很自由的人，也有让人怎么看怎么觉得他只剩下不自由的人。起伏、辛苦、悔恨，都是人生的附带品。因此，有的人即使看起来很自由，但或许，他也有自己的烦恼。

有些人过着自由的人生，有些人过着不自由的人生。

想想看，他们的区别在哪里？就在于本人有没有觉得

"活得很辛苦"。

那么，"活得很辛苦"的感觉究竟是从何而来的呢？就是因为对于"不快"的感觉变迟钝了，仅此而已。

有人或许会认为，不对啊，对不快的感觉变迟钝了的话，不就感觉不到不开心了吗，不就觉得"没关系"了吗？

然而，并不是这样。

无论是人，还是动物，对于不开心的事情，如果不提出异议，而是甘于一直生活在忧郁的环境中，那么，他的思维、感觉、感受只会一直萎缩下去。

换句话说，只剩下了"活得很辛苦"，既不知道自己为什么会"活得很辛苦"，又感觉不到快乐。

快乐与不快，是一个整体。正因为我们感受到了不快，才会想要打开快乐的开关，向着快乐前进。

没错，我遇到了太多的人，他们将自己置身于忧郁得不像话的居住空间里，不说反思一下让自己感到不快的居住环境，只是一味辛苦地活着，在不自由中苦苦挣扎。

正因如此，我才希望，你的生活，你的人生，可以充满快乐。

——山下英子